高中英语视听说教学探究

王 烨◎著

吉林人民出版社

图书在版编目（CIP）数据

高中英语视听说教学探究/王烨著.--长春：吉林人民出版社，2025.1.--ISBN 978-7-206-21809-5

Ⅰ.G633.412

中国国家版本馆 CIP 数据核字第 2025B9M303 号

高中英语视听说教学探究

GAOZHONG YINGYU SHITINGSHUO JIAOXUE TANJIU

著　　　者：	王　烨
责任编辑：	金　鑫
封面设计：	豫燕川

出版发行：吉林人民出版社（长春市人民大街 7548 号　邮政编码：130022）

印　　刷：唐山才智印刷有限公司

开　　本：787mm×1092mm　　1/16

印　　张：7　　　　　　　字　数：100 千字

标准书号：ISBN 978-7-206-21809-5

版　　次：2025 年 1 月第 1 版　　印　次：2025 年 1 月第 1 次印刷

定　　价：68.00 元

如发现印装质量问题，影响阅读，请与出版社联系调换。

前言

在全球化进程日益加速的今天，英语作为一门国际通用语言，其重要性不言而喻。而高中阶段作为学生语言能力发展的关键时期，英语视听说教学的重要性更是凸显无疑。它不仅是学生获取知识、拓宽视野的重要途径，更是培养学生综合语言运用能力、跨文化交际能力及批判性思维的关键环节。

教育技术的飞速发展和教学理念的不断更新为高中英语视听说教学带来了前所未有的机遇与挑战。一方面，多媒体资源、在线学习平台、智能教学软件等为教学提供了丰富多样的素材和便捷高效的工具，使教学场景更加生动逼真，教学方式更加灵活多样。另一方面，如何在海量的教学资源中筛选出适合高中生认知水平和兴趣特点的内容，如何有效整合各种教学技术和手段，如何科学设计教学活动以激发学生的学习积极性和主动性，成为广大英语教育工作者亟待解决的问题。

为确保本书的准确性和严谨性，笔者在撰写本书的过程中参阅了大量文献和专著，在此向其作者表示感谢。书中难免存在错误和疏漏之处，恳请广大读者批评指正。

目录

第一章 高中英语视听说教学概述 ……………………………… 1
第一节 高中英语视听说教学的内涵 ……………………… 1
第二节 高中英语视听说教学改革 ………………………… 5
第三节 高中英语视听说教学创新 ………………………… 8

第二章 高中英语视听说教学的理论依据 ……………………… 11
第一节 建构主义理论 ……………………………………… 11
第二节 多元智能理论 ……………………………………… 22
第三节 语言习得理论 ……………………………………… 31

第三章 高中英语听力教学 ……………………………………… 42
第一节 听力教学的模式与原则 …………………………… 42
第二节 听力教学的主要策略 ……………………………… 55

第四章 高中英语口语教学 ……………………………………… 60
第一节 口语教学的模式与原则 …………………………… 60
第二节 口语教学的主要策略 ……………………………… 69

第五章 高中英语视听说教学中学生人文素养培育创新 ……… 74
第一节 英语教学中学生人文素养培育的思路 …………… 74
第二节 英语词汇教学与学生人文素养培育的融合 ……… 78
第三节 英语听、说、读、写教学与学生人文素养培育的融合 …… 82

第六章　高中英语视听说教学的实践应用 ………………………… 86
第一节　基于问题学习的教学法在高中英语视听说教学中的应用 …… 86
第二节　微课视角下翻转课堂在高中英语视听说教学中的应用 …… 88
第三节　自然拼读与英文电影在高中英语视听说教学中的应用 …… 92
第四节　产出导向法与教学支架在高中英语视听说教学中的应用 …… 95

参考文献 ……………………………………………………………… 103

第一章　高中英语视听说教学概述

第一节　高中英语视听说教学的内涵

在 21 世纪全球化背景下,英语作为国际交流的主要工具,其实际运用能力的培养显得尤为重要。高中英语视听说教学正是这种需求下的产物,它旨在通过观看视频、听取音频和实际口语交流,系统地提升学生的英语听说水平,以满足其在未来学术、职业和日常生活中进行有效沟通的需要。这一教学模式在语言教育中的重要性日益凸显,因为它不仅提供了真实交际情境下的语言实践机会,还强调多元文化理解及批判性思维的培养。

一、视听说教学的优势

视听说教学强调语言的自然习得,倡导在实际情境中学习语言,而非仅仅依赖枯燥的语法和词汇记忆。这种方法与传统的听写、阅读和写作教学方法形成鲜明对比,它鼓励学生通过实际的、有意义的交流来提高语言技能,进而提升自身的自主学习能力和跨文化交际能力。在这样的教学环境中,学生不再仅仅是信息的被动接受者,而是积极的参与者,他们在学习过程中通过互动、讨论和合作,能更好地理解和掌握语言。

视听说教学的目标不仅仅是提升学生的语言技能,更是为了培养他们成为在全球化背景下能够自信、有效地进行交际的个体。这包括理解复杂语境中的口头和书面英语,进行清晰、有逻辑的口头和书面表达,以及在多元文化环境中进行跨文化理解和沟通。教师通过精心设计的任务和活动,如角色扮演、小组讨论、项目展示等,鼓励学生在真实或模拟的情境中运用英语,从而提高他们的听说能力和实际交际能力。

为了实现这些目标,现代高中英语视听说教学通常结合了多种教学策略,如任务型教学法、情境教学法和合作学习法。任务型教学法通过设定具体任务,让学生在完成任务的过程中自然习得和使用英语;情境教学法通过创设与学生生活紧密相关或具有教育意义的情境,促使学生在模拟的真实场景中进行语言实践;合作学习法则鼓励学生在小组中互相协作,共同解决问题,从而提高学生的沟通能力和团队合作精神。

在资源方面,现代科技为英语视听说教学提供了丰富的辅助工具和素材。教师可以利用在线教育资源,如各媒体平台的教学视频、BBC Learning English 的音频材料、CNN Student News 的新闻报道等,为学生提供多样化的学习内容。同时,利用在线平台,教师还可以组织互动性强的课堂活动,对学生进行即时反馈,并引导学生进行自我评估,从而提升教学效果。

二、开展英语视听说教学的意义

开展英语视听说教学在高中阶段的教育中具有深远的意义,它不仅提升了学生的语言技能,还促进了他们的全面发展,适应了 21 世纪全球化的需求。

(一)视听说教学符合语言习得的自然规律

教育心理学研究表明,人们在自然环境中学习语言时,通常是通过听和看来理解和掌握新词汇和语法结构的。视听说教学通过提供丰富的视听材料,让学生在实际情境中接触和使用英语,有助于他们自然习得语言,提高听力理解和口语表达能力。这样的学习方式不仅有趣,而且更符合人类获取语言知识的本能路径。

(二)视听说教学有助于培养学生的实际交际能力

在全球化的今天,能流利运用英语进行有效沟通是必不可少的技能。通过角色扮演、小组讨论等课堂活动,学生在模拟的交际情境中实践和提高听说技能,不仅增强了他们的自信心,也使他们能更好地适应多元文化环境中的沟通需求。

(三)视听说教学有助于提升学生的自主学习能力

在视听说教学中,学生不再是被动的接受者,而是积极的参与者,他们通过探索、合作和反思来学习。这种学习模式鼓励学生独立思考、解决问题,从而培养他们的自主学习习惯和技巧,这是学生未来学习和职业生涯中至关重要的能力。

(四)视听说教学促进学生批判性思维的发展

在观看和讨论各种英文视频和音频材料时,学生需要理解和分析不同观点,这有助于他们形成独立判断、提高对复杂信息的处理能力。这种批判性思维对于理性分析问题、做出明智决策具有重要意义。

(五)视听说教学能够激发学生对英语学习的兴趣

通过多样化的视听材料,如电影、音乐、新闻报道等,学生可以在娱乐中学习,使英语学习过程不再枯燥,而是充满乐趣,从而提高学习的持久性和效果。兴趣是最好的老师,这样的教学方式有助于培养学生的终身学习理念。

(六)视听说教学积极影响教师的专业发展

视听说教学可以促使教师更新教学理念,掌握多媒体教学技术,设计具有挑战性和互动性的学习任务,从而提升教师的教学技能,丰富他们的教学经验。

高中英语视听说教学以其独特的教学方式和方法,对提高学生的语言技能,培养学生的实际交际能力、自主学习和批判性思维,增强学生的学习兴趣,以及促进教师专业发展等方面起到了关键作用。因此,视听说教学在现代教育体系中的重要性不言而喻,为学生在21世纪的全球化环境中取得成功提供了坚实的语言基础。

三、开展英语视听说教学面临的主要挑战

尽管高中英语视听说教学在理论和实践上都呈现出诸多优点,但在

实际操作中,教育工作者和学生却不得不面临一系列挑战,这些挑战既包括教学资源的整合与利用、教学方法的更新,也涉及评价体系的改革、教师培训的跟进,以及在大班教学中实现个性化学习的困难等。

(一)教学资源的整合和有效利用是视听说教学的一大挑战

尽管网络上存在海量的英语视听资源,但并非所有资源都适合课堂教学,而且教师需要花费大量时间筛选、编辑和适应这些资源,以确保它们符合教学目标。由于教师的技术能力和时间有限,这一过程可能导致资源的不恰当使用,甚至影响教学效果。

(二)教师培训是视听说教学面临的另一个挑战

许多教师可能对传统教学方法更为熟悉,对于如何有效地利用视听材料、创设情境,以及如何在课堂上组织有效的口语活动,可能缺乏足够的经验和技巧。因此,教育部门和学校需要提供持续的教师培训,帮助他们更新教学理念,提高教师使用新技术和教学方法的能力。

(三)实现全员互动是视听说教学的又一大挑战

在大班教学中实现全员参与的互动对话是一项艰巨的挑战。视听说教学强调互动和合作,但在人数众多的班级中,确保每个学生都能得到充分的口语练习和交流机会并不容易。教师需要精心设计活动,利用分组讨论、角色扮演等形式,同时借助技术手段,如在线讨论平台,来促进学生的互动。

(四)教育资源分配和课程设置在政策层面存在问题

教育管理者需要在保持传统听写、阅读和写作教学的同时,为视听说教学留出足够的时间和空间,这可能需要在课程设计和教学计划上进行创新。

(五)学生个体差异处理也是一个挑战

每个学生的学习速度、兴趣和能力都不同,因此视听说教学强调个性化学习。但在实际操作中,如何兼顾所有学生的需求,确保教学的包容性和有效性,是教师必须解决的难题。

开展英语视听说教学虽充满潜力,但也伴随着诸多挑战。教育部门、学校和教师需要共同努力,通过持续培训、资源优化、评价体系改革,以及适应大班教学的策略改进,来克服这些挑战,从而更好地发挥视听说教学的优势,为学生提供更高质量的英语教育。

第二节 高中英语视听说教学改革

随着中国与世界各国尤其是英语国家的交往和合作的不断加深,英语的重要性日益突出,对当代学生的英语综合运用能力也提出了更高的要求。现在,学生越来越渴望提高自身的视听说能力,从而达到顺利沟通的目的。而在传统的视听说教学模式下,学生的视听说能力提高缓慢,也就是说,传统的视听说教学已经不能满足学生的需求。从事英语教学的教师应积极开展英语视听说教学改革,在各类教学研讨会上探讨如何将创新的视听说教学理念落实到教学过程的各个环节。英语教师已经意识到以传统的教学方法讲授该课程很难达到理想的教学效果,因此提出了很多教学法改革的建议,逐步探索并构建了英语视听说课程教学模式,进行了多样的尝试和创新。

在教学改革过程中,视听说教学持续受到重视。英语视听说教学历经了几次重大改革:从传统单纯的听力教学发展到视听说教学;从传统的语音教室发展为在线英语学习系统。如今融图像、声音、互联网为一体的多媒体在线教学为英语教学提供了更广阔的空间,而在线自主学习也是英语视听说教学的必然趋势和必要组成部分,因此研究多媒体环境下以学生为核心的新的视听说教学模式是十分必要的。

随着以计算机和互联网为核心的现代信息技术与英语教学的结合日益紧密,各校都在积极探索多媒体在线教学新模式。计算机技术、互联网技术和多媒体技术的发展和应用为英语视听说在线自主学习教学模式提供了有力的技术支持。

在线自主学习教学模式相对于传统教学模式有以下几个优势。

一、教学内容丰富

学校利用校园网络平台,整合信息资源,建立英语视听说教学资源库,能够给学生提供立体化的教学资源,如在平台上为学生提供与课程配套的学习资源、在线教学资源和大量音视频学习资料。在课堂教学过程中,教师要根据学生的实际情况,使教学内容难易度适中,同时注重授课内容的实用性,使其在学生的学习、生活交际中有实用价值和指导意义。教师通过在多媒体环境下充分运用图片、音频和视频等信息刺激学生的感官,能够真正做到视听结合,如根据学生的实际情况为学生提供难易度适中的、有趣的、来自BBC(英国广播公司)、CNN(美国有线电视新闻网)的视听说材料,让学生接触真实的语言场景,体会语言的表意和内涵,分析汉英文化差异对词汇的影响,同时让学生感受和领略不同国家英语的异同,并在视听的基础上激发学生说的兴趣,让学生能够更主动地参与课堂,增强学生对知识的理解和记忆。

在课后,教师可以为学生确立明确的学习任务,学生则可以利用平台上丰富的资源,如教师整理上传的课件、名人演讲、影视欣赏等多种多样的视听材料,根据自己的听力水平选择自己最感兴趣的视听说材料进行训练,成为积极、主动的学习者。教师也可以通过平台上的自主学习记录系统查看学生的自主学习情况,以便于及时发现学生在学习过程中遇到的问题,保障英语在线自主学习的质量。因此,丰富的教学资源不仅创造了生动的教学情境,而且有利于调动学生的积极性,提高学生的视听说能力。

二、教学方法灵活多变

在传统的英语视听说教学中,教师很难进行个性化教学,学生学习的积极性也不高,因此同一班级中学生的个体差异可能会越来越大。

而英语视听说在线自主学习教学模式的突出特点就是充分体现学生的主体地位,发挥学生的主观能动性。以讲授中国传统节日这一主题为例,教师将学生分成小组,在学习之前安排各小组成员熟悉教学内容。课堂上,教师在介绍相关背景知识后,让各小组成员通过网络平台获取学习资源,分工协作,选出代表在课堂上介绍一个中国传统节日。在多媒体语音室环境中进行视听说课程教学时,教师借助图片、音频、视频、字幕和解说等多种教学辅助工具,设计教学情境,带领学生一起对所学内容进行深入了解。例如,教师可以给出我国各个传统节日的特色图片或影像资料,让学生根据所学内容展开讨论,包括节假日的来源、意义等。教师还可以再介绍一些外国节日并进行东西方节日的对比,创造更多机会让学生互动交流。教师既可以引导学生熟悉相关的单词句型,协助学生进行有效的口头表达,训练学生独立思考,对学生的语言问题及时纠正、解答,也可以通过课后延伸练习来强化训练学生不熟悉的语言结构。在课后,教师给出完整的影视内容,帮助学生进一步提高英语视听说的能力和鉴赏能力。

在在线自主学习教学模式的课堂教学中,教师通过丰富多彩的内容(图片、音频视频、配音练习等)、灵活多变的教学方法(排序、比较、演讲等),组织学生开展各项活动(双人对话、小组讨论、班级活动等),对全体学生进行引导。学生在学习过程中能够主动参与课堂教学活动,通过网络平台随时进行个性化视听练习,从而掌握自己的学习进度,取得进步,从而提高信心。

三、学生能力得到提高

在学生学习过程中,教师能够密切关注学生整体和不同个体的学习情况,调动学生的主观能动性,使学生在提高领会能力的基础上发展表达能力。学生在完成在线自主学习后,教师在课堂上可以引导学生通过情景表演、对话、讨论、辩论等多种形式来展现在线自主学习的效果,这一方式不仅培养了学生的英语表达能力,也就是说的能力,还将视、听、说相结合,切实提高了学生实际运用语言的能力。

在线自主学习教学模式下,教师提高了教学的灵活性和实效性,学生综合运用语言的能力也得到了真正提高,尤其是口语水平。在这种教学模式下,教学内容、教学方法、教学资源都是以学生的学为中心的,学生的主体地位被牢固地树立了起来。在线自主学习教学模式中,学生作为学习主体在教师的指导下,在根据自身条件和需要主动建构知识的过程中,另一种更为重要的能力——自主学习能力得到了极大提高,这对学生的终身学习和发展都是大有裨益的。

教师认真研究不同层次学生的学习需求,提高学生的学习兴趣,培养学生的自主学习能力,使学生积极、主动地参与教学实践活动,真正贯彻"以学生为中心"的教学理念,对提高学生的英语综合能力特别是视听说能力、推进英语视听说教学改革具有重大的意义。当然,实施过程还存在一些问题和不足,教师在课程的具体教学实践中还应不断完善教学模式,改进教学方法,提高教学资源的科学性和实用性。

第三节　高中英语视听说教学创新

英语视听说教学是融视频、听力、口语教学为一体的全方位、立体化的英语教学模式。此课程以多媒体教室为媒介,以多媒体教学课件为载体,通过影像、声音、文字等手段声影并茂地为学生营造出真实轻松、愉快有趣的英语语言氛围,促进师生间的良性互动,刺激学生的语言感官,使英语视听说教学更形象、生动。同时,此课程让学生在真实的情境下进行英语交际实践,激发学生学习英语的兴趣,激励学生学习的积极性和自主性,是一种互动性的英语教学方式,与传统的英语教学中口语教学和听力教学完全脱节的教学方法有天壤之别。

一、视、听、说有机结合

英语教学中视、听、说三方面的有机结合非常重要。视、听、说三方面的有机结合,要做到向学生提供大量真实的语料作为语言输出的基础,并以此来提高语言输出的质量。但在实际的英语视听说教学中,这三方面所占比重应根据具体的授课情况做出相应调整。例如,有些学生在视听方面的能力较弱,教师就要相应地增加视听教学的时间。对于水平相对一致的学生,教师在授课时也需要对视、听、说三部分的教学时间做出合适调整。

二、自主学习与协作学习相结合

视听教学部分是体现学生自主学习的主要途径,说的教学活动通常需要学生与同组的学习伙伴合作完成。视听教学教材是说的教学活动的基础,为口语教学活动提供了丰富的素材。口语教学活动不仅可以检验视听教学活动的效果,而且在小组学习伙伴合作完成这一环节体现了英语语言的交际功能。该教学模式始终以学生为中心,教师是主持人和协调人,学生自主学习、独立研究、共同协作。在这个过程中,学生的独立意识和合作精神得到了培养。

视听说课程具有这几个特点:教学内容着眼于趣味性;注重多元化的题材和体裁;以学生为中心,以教师为主导;语言活动的设计具有启发性;培养学生的科研能力;创造实践机会,培养学生的组织能力、实践能力和创新能力。

三、课内与课外相结合

视听说教学可以做到课内教学与课外自主学习相结合,并充分利用学生的课外时间,弥补课堂教学时间的不足,更重要的是该教学方式有利于学生形成个性化的学习方法,提高自主学习能力。

视听说教学过程中每个单元的内容都较多,不可能在一课时内全部完成所有的教学内容,因此,教学方案通常设计为由一名教师授课,两课时完成一个单元,再把一部分视听资源作为课外泛听任务布置给学生。

四、活动多样化

在实际教学中,教师可以根据视听材料和话题选择或设计不同的课堂活动,如短剧配音、角色扮演等。除了书中提供的丰富活动外,授课教师还可以根据需要增加其他活动,包括视听前的准备活动。教师在视听过程中也可以给学生布置任务,还可以对视听后的口语活动进行调整。

　　英语视听说教学能够提供给学生丰富的英语语言素材及丰富多彩的口语实践活动,并以此来培养学生的英语语言交际能力,使学生的综合文化素养也因此得到提高。在具体教学实践过程中,对于视听说材料的选择、视听说教学的课堂组织、课堂以外的学生自主学习管理、教学活动与现代技术的结合及教学评价等,英语教师还有很多需要探索的课题。

第二章 高中英语视听说教学的理论依据

第一节 建构主义理论

建构主义心理学理论是认知主义理论的进一步发展。认知主义认为知识是由外部直接输入的,是外部事物在学习者大脑中的客观反映,它既可以是学习者在具体实践中获得的直接经验,也可以是从课堂教学中获得的间接经验。而建构主义认为,知识只是对外部事物存在状态的一种解释和假设,是学习者在已有认知结构基础上的主动建构。

一、建构主义的理论依据

(一)认知发展理论

1. 发生认识论

皮亚杰,瑞士心理学家,发生认识论的创始人。皮亚杰对人的认知发展特征进行了充分研究,形成了认知发展理论。

1970年,皮亚杰发表了《发生认识论原理》(*The Principles of Genetic Epistemology*),提出了发生认识论,对认知形成的过程进行了深入研究。

皮亚杰认为,学习者的认知不是源于主体,也不是源于客体,而是在主客体之间相互影响、相互作用的过程中由学习者主动建构形成的。也可以理解为,认知就是在学习者自我意识的控制下自觉运用已有的认知结构和思维图式对来自客体的输入信息进行同化或者顺应,从而使主客体处于动态的平衡状态,这是一个双向的建构过程,所以学习任务的选择和设计要切合学习者的认知水平。

《发生认识论原理》认为学习者的认知既不是来自学习者先天的遗传，也不是来自对客体的经验知觉，而是学习者的主观能动性在认知过程中所起的积极作用，即学习者只有在主动思考时才能获得有意义的建构。因此，对于外部语言输入的刺激，学习者应报以开放、积极的态度，主动在已有认知结构中寻找恰当的同化或者顺应方式；作为教师则要积极创造条件帮助学习者组织学习过程。

认知发展可以理解为，学习者通过自我调节和主动建构使自己的认知结构从原有的平衡状态向更高级的平衡状态进行过渡和转化的过程。当发生新的刺激时就产生了不平衡，通过主体和客体的相互作用产生同化或顺应的过程，使认知达到一个新的水平，恢复平衡状态。认知发展就是这样一个循环往复的提高过程。

教师应当帮助学习者及时查找、分析学习过程中产生语言错误的深层次原因，学习者改正错误的过程就是一个学习者自我调节、自我平衡的过程。教师要促进学习者及时修正已有的认知结构，不断达到新的自我平衡，不断提高自己的学习能力。[①]

2. 以儿童认知发展为例

皮亚杰运用发生认识论的基本观点和方法对儿童的认知发展过程进行了系统、深入的研究。他认为从儿童开始就已经具备了主动建构认知图式的能力，并且主要是通过同化和顺应的过程实现认知图式的不断发展和完善的。同化是指儿童主动吸取来自外部环境的信息并自觉地结合到儿童已有的认识结构中，使其成为自身认知结构中不可分割的组成要素的过程。顺应是指由于外部环境发生了明显变化，儿童已有认知结构无法完成对输入信息的同化，主体为了满足外部环境的影响和需求而对已有认知结构主动进行调整的适应过程。

由此可见，顺应与同化是认知发展过程的不同侧面，同化主要体现了主体对外部输入信息的主动调整，而顺应主要体现了主体对外部输入信

---

① 张艳玲.英语教学的理论、模式和方法[M].青岛：中国海洋大学出版社，2018.

息的被动适应,儿童主要通过这两种形式的交替作用来实现与外部环境的动态平衡。具体来说,当儿童能在已有认知结构的基础上去同化输入信息时,说明当前的认知结构处于平衡状态;而当已有认知结构不能对输入信息进行同化时,则意味着原有的平衡状态被打破,就必须对已有认知结构进行主动调整,通过顺应过程在已有认知结构的基础上形成新的认知结构,从而达到新的平衡状态。所以,儿童的认知发展就是在与外部环境的交互作用中通过同化与顺应形式逐步建构的过程,并在"同化—平衡—顺应—不平衡—新的平衡"循环往复过程中得到不断的完善和提高。

皮亚杰的同化和顺应过程也可以理解为是新的认知结构的建构过程,所以皮亚杰的发生认识论也是建构主义思想的重要理论来源之一。

(二)社会文化理论

社会文化理论是由苏联心理学家和社会文化历史学派的创始人维果茨基提出来的,他认为学习过程是在特定的社会文化情境中进行的,社会文化因素对提高学习者的学习能力发挥了十分重要的促进作用。维果茨基的社会文化理论有力推动了建构主义的形成和发展,其核心概念包括中介、内化、最近发展区等。

1. 中介

维果茨基的中介理论认为,人类对于自身心理活动的调节是通过语言、科学、文化等一系列符号工具作为中介来进行的,其中语言是极其重要的一个符号工具。人类在进化过程中学会使用工具进行劳动,从而完成了从动物到人类的转变,并在与他人、与社会的互动交往过程中产生并形成了高级心理机能,这是社会文化历史发展的产物。人的认知心理发展就是在语言等中介的直接作用和影响下由低级心理机能逐渐向高级心理机能转化、提升的动态发展过程。

维果茨基在运用中介理论研究教学问题时,进一步提出了日常概念和科学概念。日常概念可以理解为学习者在日常生活的积累中形成的实际生活经验知识,是学习者在学习前就具有的初始认知结构状态。科学概念可以理解为在正规学校教育中学习的学科专业知识,是学习者经过学习后应当达到的认知结构状态。

教学的作用在于通过中介工具的组织协调,在日常概念和科学概念之间建立起相应的联系,从而实现学科专业知识的内化。教学中的中介工具主要包括教学资源、语言学理论、教学理论、教学环境等因素。

2. 内化

维果茨基认为,个体在与他人和社会的互动交往过程中产生并形成了高级心理机能,但这只是局限在社会交际心理层面。只有经过重复进行和演化,高级心理机能才能由社会交际心理层面延伸到个体内部心理层面,这个转化过程就是内化。

语言学习就是语言知识内化的过程。在内化的进程中,需要学习者、教师、教学环境等几个方面因素的密切配合和共同作用,其中各种形式、各种类型的社会文化环境因素对语言学习起着不可或缺的重要作用。教师在语言教学中要注重创设适宜的学习环境,设计多样化的教学活动,制定符合学习者需求的教学目标,采取合作式的学习组织形式,运用恰当的教学策略,激发学习者学习的主动性、积极性和学习热情,从而推动语言知识内化的过程。

3. 最近发展区

维果茨基在《在社会中的心智:高层次心理过程的发展》(*Mind in Society: The Development of Higher Psychological Processes*)中提出了其社会文化理论的核心思想,即"最近发展区"的概念。即在学习过程中,学习者首先具有现实的学习能力,这是学习者通过自主性学习就可以达到的能力和水平;同时学习者在学习过程中要接受教师的指导和帮助,要接受其他学习者的协助和支持,并通过学习者自身的努力达到一个新的高度和潜在能力水平。这两种能力水平之间的差异被称为"最近发展区"。

然而最近发展区并不是静止不变的,学习者在达到新的能力水平之后并不是止步不前,而是要从被动接受帮助转变为主动进行探究。学习者要在教学过程中积极主动地与教师进行交流、沟通和互动,积极模仿、汲取和内化教师的教学经验和社会经验,从而将潜在能力水平看作新的现实学习能力,开启一个新的最近发展区,使自身的学习能力不断从现存的低一级发展水平逐渐过渡到一个较高一级的发展水平。

作为教师应当根据学习者的基础条件和当前能力水平设定一些具有适当难度的学习任务,并在学习过程中提供及时必要的指导以协助学习者跨越当前的最近发展区,创造新的最近发展区,从而实现更高水平的发展。

二、建构主义的主要内容

(一)学习是知识建构的过程

建构主义认为,学习者对客观世界的理解有赖于其自身的认知结构。由于每个学习者的社会经验、家庭背景、生活经历迥然不同,因此学习者形成了不同的价值观念和思维方法,对外部世界的认识和理解有着不同的视角,对现实问题的解决有不同的方法和途径,具有较强的主观性。

建构主义认为,学习是学习者主动建构自我认知结构的过程,是基于特定的社会文化情境、丰富的学习资源,通过与教师、其他学习者的沟通、交流、协商、合作的方式完成的。具体来说,任何年龄、任何背景的学习者在进行学习前都有自己已有的相关知识,对客观世界都持有自己的看法,有着属于他们自己的知识结构、主观经验和社会文化背景等。这些是学习者进行认知建构活动的基础。在接收外部信息的过程中,学习者要发挥主观能动性对外部信息进行选择、消化、整理、吸收,然后与原有知识体系进行比对、分化、融合,从而形成对客观世界新的感知、理解,并在与特定社会文化情境的互动中逐步建构起对客观世界的全新认识,形成新的认知结构,取代原有认知结构。这是一个循环往复和动态发展的过程。

(二)学习者是知识建构的主体

学习过程应以学习者为中心,尊重学习者的个体差异。教师要充分激发学习者的主观能动性和主体意识,根据学习者的现有知识基础和学习能力,有针对性地采用个性化学习、自主性学习、合作化学习等学习方式,促进学习者认知结构的重新构建。

建构主义者强调学习者经验背景的重要性。在学习过程中,学习者即使遇到还没有接触过的新问题、新情况,也能够根据平时学习过程中积累的学习经验、遵循一定的逻辑推理顺序和思维判断流程提出解决问题的新方法。所以在教学过程中,教师要注重引导学习者不断积累学习经验和学习体会,夯实建构的基础。

建构主义认为,不同的学习者具有不同的经验背景和知识基础,对同一个学习主题往往有着不同的认知视角,教师应当尊重这种差异性,引导学习者彼此交流、沟通、倾听、借鉴、探讨,从而有利于学习者形成更多元、更丰富的理解。

(三)教师是知识建构的引领者

基于建构主义的教师角色与传统教师角色有着极大的差异,教师不再只是知识的传授者、呈现者,而是学习者知识建构的引领者、协助者。教师的主要任务不只是准备教案,更重要的是科学组织教学过程,积极开发网络信息资源,主动运用现代教育技术,设计开发相关的教学课程,指导学习者自主学习。所有这些角色的扮演都是为了引导学习者能够更加有效地完成意义建构的过程。

教师角色的转变不是削弱了教师的作用,恰恰相反,建构主义对教师的能力素质提出了更为全面、更为苛刻的要求。教师要在学习内容、策略方法、技能培养、技术运用等各方面给予学习者更有力的帮助。这就要求教师不断进行自我反思和自我批判,不断学习新的教学理论,不断丰富教学策略方法,这样才能更好地适应和促进学习者的学习进步。

(四)教学情境是知识建构的条件

建构主义认为,知识的建构要基于特定的社会文化情境。教师在进行教学设计时应当为学习者创设近似真实的、与学习者实际生活密切相关的、紧扣教学内容和目标的教学情境,使学习者在其中进行感知、尝试、假设、质疑和探索,并通过与教师、其他学习者之间的交流、对话、协作、共享,对外界输入信息进行辨识选择和加工处理,最终完成意义的建构。

布鲁克斯指出,对于学习者来说,建构通常是由一个好的问题来激发的。教师应当以产生于真实情境中的问题为起点,布置具有启发性的教学任务,以此来激发学习者的求知欲和学习兴趣,拓展学习者的创新思维空间,鼓励学习者主动实践,加深理解,深入探究,解决问题,更新认知,从而推动意义建构的过程。

(五)教学评价是知识建构的工具

建构主义认为,教学评价的主要任务是指导并帮助学习者完成知识建构的过程,尤其要注重学习者自主学习能力的培养。由于该理论强调学习者在自主学习过程中的自我探究、自我设计、自主管理、自主调控等能力的运用,促进学习者对学习内容和过程的自我反思,因此更符合知识意义建构的实质。

建构主义主张,在评价前,教师、学习者及评价相关各方要进行充分协商,就评价的内容、范围、程序、重点等达成一致。教师和学习者不是单纯的评价与被评价、考核与被考核的关系,而是平等合作、共同促进的关系。

建构主义认为,学习者的认知能力是在知识建构的过程中以不同的形式展现出来的。评价过程应当与教学过程有机融合、同步进行,从而有利于及时发挥评价结果对学习者的激励作用、促进学习者反思和自我调控,而不是作为教学过程之后的一个独立环节。

三、基于建构主义的教学方法

(一)抛锚式教学

抛锚式教学可以理解为基于实例的教学,教学内容建立在真实的事件和情境的基础上,学习者在实际环境中去感受和体验,产生学习需要,确定教学问题,这个问题就是教学过程中的"锚"。学习者通过自己的亲身体验和自我实践,通过学习共同体中成员之间的讨论互动和交流分享,积极寻找解决问题的路径和方法,从而在自主学习过程中获取真实的、直接的学习经验,完成知识的意义建构,而不是完全依赖于教师、他人传授的间接学习经验或者从教材、书籍和网络上获取的抽象的知识介绍。

在教学实践中,学习者以具体问题为牵引,积极探索问题的多种可能的解决方案。抛锚式教学方法为学习者提供了一个发现问题、分析问题直至解决问题的有效途径。教师从信息提供者转变为学习者的学习伙伴,主要是为学习者的主动学习提供恰当的指导,如需要收集哪方面的资料、获取相关资料的途径,以及研究和解决问题的常用方法。

(二)随机进入教学

随机进入教学的核心主张是,对同一内容的学习,要在不同时间、在重新安排的情景下、带着不同目的以及从不同的角度多次进行,以此达到高级知识获得的目标。具体来说,对某一教学内容的学习一般分为不同时间、不同阶段,每个学习阶段设定的教学主题、目标任务各不相同,分别围绕教学内容的不同要素、不同部分和不同侧面来安排。这样有利于学习者在需要时可以通过不同方式、不同途径、不同指向,或者以随机的方式或者以重复的方式进入相同的教学内容。在学习过程中,学习者自主安排知识内容,自主选择学习策略方法,获得对教学内容多视角、多层次的认知,逐步促进知识的全面深化和理解,最终完成知识的自我建构和自主发展,使学习者的思维能力得到训练和发展。

随机进入教学非常适合高级学习阶段的教学,其特点在于试图把教学中抽象的概念和知识与具体的、真实的教学情境对应起来、联系起来,使之具象化,从而有利于发展学习者的自主学习能力、逻辑思维能力、解决具体问题能力和语言知识迁移能力。

(三)支架式教学

支架式教学是指把教师指导作为支架,在教学活动中将学习管理的主动权由教师向学习者让渡的过程。教师根据学习者对学习内容的掌握情况逐步撤掉支架,最后使学习者达到自主学习的目的。

1. 支架与支架式教学

支架的概念源于建筑工地的脚手架,搭建脚手架的目的是方便工人站在上面施工,建筑竣工后再撤除。

支架式教学强调教师在教学前,在学习者已有的知识经验基础上,根据学习者学习的新知识内容和教学目标要求,为学习者建构对新知识的理解,搭建一种概念框架。具体来说,教师要设定一个具体的教学情境,提出需要学习者解决的问题和任务,同时搭建一系列帮助学习者自主建构知识的支架,帮助学习者实现无法独立完成的任务,启发引导学习者对知识进行深层次的探索。教师指导成分要随着教学过程的深入而逐渐减少,同时还要不断培养和提高学习者在原有认知结构基础上内化新知识的能力,从而把学习者对知识的理解逐步引向深入,使学习者即使在没有教师指导的情况下也能借助已经掌握的概念框架进行独立探索、发现学习。

在支架式教学中,必须确保教师在切实提高学习者自主学习能力的基础上逐步撤除支架,既不能过早、过急,也不能过迟、过缓。通过这种支架的支持,学习者能够更快地理解和内化知识,更快地提升自主学习能力。当撤除支架时,学习者已完成了知识的意义建构过程,认知能力已提高到了一个新的水平,从而跨越最近发展区。

2. 支架的设置

每个学习者的基础条件和智力结构存在着明显差异,教师应当针对每个学习者的具体情况灵活设置个性化支架。对认知能力较强的学习者,可以设置一些较为笼统和抽象的支架,并且可以较早撤出支架;而对认知能力较差的学习者,设置的支架可以较为具体和详细,并且可以较晚撤出支架。所以有效的支架设置要有针对性,要充分考虑到每个学习者的具体情况和个性需求,不能一概而论。

在支架式教学中,支架的设立不是一成不变的,要在学习者最急需的时候提供及时、恰当的支架。随着学习者学习能力的不断提高,支架的形式和内容也需要进行相应的动态调整。一般情况下,支架的设立要按照由低到高的难度顺序循序渐进地进行,且只有在完成了难度较低的支架后才能进入难度更高的支架,这样有利于学习者快速进入并最终跨越最近发展区,达到预定的学习目标。

在支架式教学中,支架的撤除也需要循序渐进地进行。教师应当密切监控学习者的学习进展情况,根据学习者知识技能的掌握程度和学习能力的提高情况逐渐减少支架的数量,降低支架的复杂程度,给予学习者更多的自主学习和意义建构空间。当学习者具备了较高的认知水平、较强的自主学习能力,能够自主解决学习过程中遇到的问题时,教师就可以把整个支架完全撤除。

3. 教学过程

(1)确定学习者的最近发展区。教师应当紧紧围绕课堂教学的目标要求,通过课前学习者对教学内容的自主学习情况来了解学习者的知识掌握程度,也可以通过教师的随堂提问、观察、交流来确认,从而保证支架设置的有效合理。

(2)设定支架。支架一般有预设支架和过程支架两种形式。预设支架是教师根据教学目标的需要在课前设计好的一系列教学内容,如预先设计一些问题、图表、范例等,以帮助学习者更好地理解课文;过程支架是教师在教学过程中根据学习者的需要临时设计的一些有较强针对性和指向性的问题,如词汇解释、语法举例、临时对话等,使学习者得到即时的、有针对性的帮助。

(3)情境设定。情境的引入和设定应当是灵活的、动态的,既可以是一个完整的教学环境,也可以是一个教学片段。教师可以通过提出问题、内容回顾、图片展示、场景规划、任务设计、专题对话等多种形式形成一系列独立的语言情境,使学习者在这个语言情境中完成知识的意义建构过程,提高学习者的语言运用和交流能力。

(4)协作学习。教师应根据教学任务要求将学习者分成若干学习组,学习者通过小组活动开展合作性学习。一般采取小组讨论、协商对话、沟通交流、资源共享等多种形式。这样,一方面可以加深学习者对教学内容的理解,另一方面可以在小组活动中提高学习者的语言交际能力,在提高其学习能力的基础上完成意义建构。

(5)自主学习。学习者围绕单元教学目标或者教师指定的学习内容,充分利用来自不同渠道的教学资源,从不同类型的学习对象中获取多方面的知识,并根据个人的学习程度自主选择学习时间、学习方法和学习策略。在这个过程中,教师的引导力度逐渐减少,直至学习者能够完全按照教师要求进行教学内容的自主学习。

(6)教学评价。一是通过课堂自评、小组互评和学习者互评,教师能够及时掌握教学过程中存在的倾向性问题,及时对支架设置的时机、难度、内容、形式进行动态调整;二是教师可以对学习者做出及时的反馈,让学习者得到一个较为全面科学的综合评价,从而激发学习者的学习兴趣和动机。

总之,基于建构主义理论的各种形式的教学方法都强调学习者的自主学习、主动探究和意义建构的过程,都注重为学习者创设模拟真实目的语社会文化的教学情境,都倡导学习者之间的互动、交流和协作。这些教学方法都有利于学习者思维能力的提高和创造性的培养。

四、建构主义教学理论的不足

建构主义理论汲取了哲学、心理学、社会学、系统科学、语言学等多学科领域的营养和资源,理论基础丰富,理论体系完整。但因为建构主义理论体系比较庞杂、理论分支比较多,所以各流派从不同角度对建构主义进行了诠释和拓展。也正是不同流派观点之间的冲撞,促使建构主义理论不断创新与发展、丰富与完善。

建构主义教学理论是对传统教学理论的继承、批判和超越,真正确立了以学习者为中心的教学理念,建立了新的学习者观、教师观、教学观。但是,由于建构主义教学理论运用于复杂的教学活动背景中,难以对其效果做出准确的系统的分析,因此建构主义教学理论尚有许多不完善的地方。

1.建构主义教学理论针对如何发挥情境教学在培养学习者自主学习能力中的作用提出了很多重要的思路和具体的做法,对情境教学给予了前所未有的重视,但它相对忽视了语言习得过程中学习者的个性化差异,忽视了间接经验的学习。

2.建构主义教学理论认为语言的习得过程也是学习者知识技能的意义建构过程,因此,该理论注重建构的过程而不是建构的结果,认为不存在对客观事物终极的、唯一正确的理解。这种观点过于强调学习者对意义的主动建构,带有强烈的相对主义色彩,忽视了真理的绝对性。

3.语言习得不仅包括对语言知识的理解和掌握,还包括对语言技能的训练和运用。前者构成了意义建构过程的主要目的;后者对于学习者进行有效的语言交际发挥着不可或缺的重要作用,也是语言习得的重要目标。建构主义只是强调了知识的意义建构过程,忽视了技能训练的必要性。

4.在传统教学中,对学习者而言教师意味着无上的权威,学习者应努力掌握教师在教学任务中提出的教学目标要求。而建构主义认为,师生之间应当平等地进行对话、交流和协商,可实际情况则是教师的中心权力与绝对权威的现象并没有完全被打破,最多只是部分程度上的削弱而已。造成这一问题的关键在于,不论教师在教学过程中做出什么努力来倡导建构主义教学思想,对学习者的最终评价结果还是由教师决定的。

第二节　多元智能理论

美国哈佛大学教授、发展心理学家加德纳受到当时脑科学、神经科学及其他社会学科发展的影响,于1983年在其《智能的结构》(*Frames of Mind:The Theory of Multiple Intelligence*)这一心理学和教育学著作中首次提出了多元智能理论。

加德纳认为,智能智力具有多元的结构,提出了言语/语言智能、音乐/节奏智能、逻辑/数理智能、视觉/空间智能、身体/运动智能、自知/自省智能、交往/交流智能七种智能形式。这些智能形式是以相对独立的形式存在的,即使是同一种智能也有着不同的表现形式,它们在每个学习者身上以不同的方式、不同的状态、不同的程度进行着各种排列、组合和叠加,使得每个学习者的智能水平和智能类型千差万别,各具特色。

加德纳认为,每个人都是与众不同的,只有承认学习者所具有的不同类型的智能结构,教育才能取得最好的效果。多元智能理论有助于教育学家重新认识传统教育中对学习者智能能力的评价方式,深入挖掘学习者身上尚未被发现和重视的潜在智能形式,鼓励学习者积极探索属于自己的成长道路,因而对教育产生了深远的影响。

一、多元智能理论的主要特点

(一)多元评价

多元智能理论认为,学习者的智能是一个多元的智能系统,七种智能形式没有主次之分,都是同等重要的。但由于每个学习者的先天条件、生活环境、教育经历等方面存在极大的差异性,因此这七种智能形式的发展是不均衡的,也不可能做到完全的同步协调发展。学习者的外在特点往往取决于七种智能形式中比较突出的方面,每个学习者都有自己的优势智力领域,都有自己独特的学习方式。与传统评价方式相比,多元智能理论更加关注学习者的优势智能形式的充分发挥和其他智能形式的协调发展,尤其重视学习者实践能力和创新能力的发展,而不是所有智能形式的同步推进。

多元智能理论认为,任何一个学习者都存在着巨大的潜能,这就要求教师不能以单一的考核标准对学习者进行评价,而应以多元的视角认识学习者,以宽容的心态帮助学习者,以差异化的方法指导学习者,充分尊重每个学习者的个性特点、学习方式和发展方向。教师应当善于从多方面、多角度、多方式去发现和培养人才,引导学习者选择适合自己特点的发展方向。[1]

(二)整体发展

多元智能理论认为,每个人都同时拥有这七种智能形式,且它们的存

---

[1] 程书燕.高校跨境电商人才培养的理论与实践研究[M].天津:天津科学技术出版社,2023.

在状态是相对独立的,但是在现实生活中的作用又是相互联系、相互影响的。一方面,因为它们对于每个学习者来说都是同等重要的因素,在推动学习者整体素质提高的过程中都会起到各自独特而又不可或缺的作用,所以应当注重各种智能因素的整体协调和平衡发展。另一方面,由于受到客观环境和主观意识的影响,每个学习者外在表现出来的智能形式也各具特点,具有十分明显的差异。因此教师要针对每个学习者的突出特点和内在潜能,采取多样化、差异化的教学策略和教学方法,通过各种渠道提供丰富的教学资源,以培养学习者主动认识、发现、建构自身智能的意识和自觉性,拓宽学习者展现自我、实现自我的渠道。

(三)注重实践

加德纳认为,智能的形成和发展是人们在社会实践中进行产品的加工、创造的过程,是不断认识、发现新事物的过程,是提高个体在社会生活中的适应能力和生存能力的过程,是提高个体在社会实践中发现问题并解决问题的能力的过程。因此学习者的智能水平必须在实践中得到锻炼、检验和提高。

(四)持续开发

加德纳认为,人的多元智能发展水平的高低取决于开发的程度。任何一种智能形式都是能够持续发展的,教师应当给予学习者有效的激励和科学的指导,积极促进学习者多元智能的开发。智能开发的程度越高,学生持续发展的能力就越强,相应的智能水平也越高。

二、基于多元智能理论的教学指导

(一)科学设计教学目标

加德纳认为,发展学习者的智能水平能够使个体解决自己所遇到的真正难题或困难,为新知识的获得打下基础。具体来说,教师应当将教学目标设定为认知目标和智能发展目标。认知目标的设定要符合学习者的认知水平,如很多英语教材对于词汇和语法项目在不同阶段有不同层次的要求;智能发展目标的设定则可以在七种智能形式中选择一种或几种智能形式作为发展的重点,且智能发展目标的设定要符合学习者的实际情况和个性特点。教师设计教学目标时应当将两种目标有机融合起来。

(二)提高学习者的综合素质

加德纳认为,智能发展离不开具体的社会环境,要把培养和提高学习者发现和解决现实问题的能力放在核心位置上,而不能仅仅简单地以语言能力的高低或者逻辑思维能力的强弱作为衡量学习者智力水平的唯一依据。因此,应当把提高学习者的综合素质作为教学的一个重要方面,鼓励学习者利用多媒体、网络、图书馆等进行主题探索性研究。教学内容和教学主题的设计应以学习者感兴趣的话题和实际生活经验为基础,构建师生共同认可的教学情境,注重发展和培养学习者跨文化交际的能力,努力为学习者创设实践应用的机会和空间,提高学习者解决真实生活中个人所遇到问题的能力,促进学习者的多元智能得到全面、有效的发展。

(三)实施个性化教学

加德纳认为,每个学习者在学习过程中都表现出不同的智能特点,都在以自己独有的方式进行学习。较好的智能发展水平能够有效提升学习者的语言学习能力;反之,语言学习能力的增强会进一步促进智能水平的发展。

传统的英语教学注重语言知识和技能的学习,在教学方法上机械模仿、重复操练的做法比较普遍,致使学习者对语言知识死记硬背,自主学习能力和创新意识严重缺失,影响了学习者智力水平的提高。多元智能理论要求教师和学习者深入了解和认识自身的智能弱势因素和强势因素,根据对自己智能结构的了解,选择适合自己的思考与学习模式,并加强对智能弱势因素的针对性训练。同时,教师要结合每个学习者的智能水平和类型特点,设计个别化的教学策略,实施有针对性的个性化教学,使所有学习者均得到发展。

(四)运用多元学习策略

语言学家克拉申提出的情感过滤假说认为,学习者的动机、信心、焦虑等情感因素构成了学习者在语言习得过程中的重要心理障碍,形成了对语言信息的过滤作用,使得教学信息无法及时有效地传导到大脑中。

多元智能理论指导下的教学要采取多样化的教学策略,注重营造轻松的学习氛围,特别是要充分调动和发挥学习者比较突出的智能形式,以激发学习者的自信心,有效减轻学习者的焦虑感,使学习者形成积极主动的学习态度,消除语言习得过程中的心理障碍,减少对语言输入信息的过滤,提高语言输入的数量和质量。

(五)开展真实性教学评价

多元智能理论反对传统的单一评价方式,认为应当在不同的教学情境和具体的现实生活中对学习者进行全过程的、全面的、动态的真实性评价。真实性评价重点考查学习者解决实际问题的能力,关注学习者在交际活动中的语言运用能力,激励学习者智能水平的全面发展。

开展真实性教学评价要从以下三个方面着手。

1. 强调评价指标的多元化

教师应当在课堂教学和实践应用的各个教学活动环节注意观察、识别、分析每个学习者智能形式中的弱势因素和强势因素,依据每个学习者的智能水平和类型特点来设计个性化的评价标准。

2. 强调评价主体的多元化

教师要从多种渠道了解学习者的学习情况,争取让所有学习者都有机会参与自我评价和互助评价活动,使评价更加全面、客观。

3. 强调评价形式的多样化

教师可以采用观察法、访谈法等多种评价工具和评价方式,使评价信息尽可能地真实、准确,从而有利于学习者了解自己的智能水平和发展状态。教师还应发现学习者的优势智能领域,引导学习者将优势智能领域的学习能力迁移到弱势智能领域,使他们的英语学习更有成效。

三、基于多元智力基本结构的七种智能形式的教学策略

(一)言语/语言智能的教学策略

言语/语言智能是指学习者能够创造性地运用口头和书面语言描述事件、表达思想并与他人进行交流的能力。在教学中进行听、说、读、写四项基本技能的综合训练是发展言语/语言智能的主要途径。

(二)逻辑/数理智能的教学策略

逻辑/数理智能是指学习者运用逻辑、推理来发现问题和解决问题的能力。逻辑/数理智能较强的学习者在学习过程中更倾向抽象思维模式，运用逻辑推理方式解决问题，借助抽象符号进行学习，具有强烈的求知欲和探索精神，敢于迎接困难挑战。

在教学过程中，教师应当指导学习者利用必要的语言知识和背景知识进行分析综合、判断推理等创造性思维活动，以达到对新知识的理解与吸收。经常使用的策略有以下几种。

1. 排序能力

教师可以尝试将单词中的字母排列顺序、句式中的单词组合顺序、语篇中的情节发生顺序打乱，然后组织学习者进行听或读，学习者则根据自己的理解重新排序。

2. 归纳能力

教师应在特定的语言环境中为学习者提供听、读内容，使学习者依据教学材料中的语言现象进一步认识和梳理语法使用规则，依据语篇中的语言信息总结归纳出段落所要表达的中心思想。

3. 演绎能力

教师可以首先展示语法规则并列举具体例子进行说明，然后指导学习者尝试将所学的语法规则应用于新的语言表达对象，使学习者在应用过程中进一步加深对语法规则的认识和理解。

(三)视觉/空间智能的教学策略

视觉/空间智能是指学习者借助空间概念和视觉形式，对空间信息进

行感知处理与转换,并且直观、形象地进行情感的表达,以及对各类事物进行空间判断等的能力。视觉/空间智能较强的学习者形象思维能力突出,他们既有很好的空间结构感,善于描述和把握空间关系,能够敏锐地捕捉细节表现,又有很好的色彩感,善于借助视觉图像形式进行学习。

20世纪70年代,保加利亚精神病医师和教育家罗札诺夫提出的加速学习理论认为,通过外部刺激方式可以更快地提高学习质量和学习效率,有利于提高学习者的长期记忆。该理论鼓励教师在课堂教学中营造一个生动、舒适、有趣的教学环境,通过实物陈列、图片展示、制作海报、作品创作、电影赏析等各种表现手法,使教学内容以视觉艺术的形式表达出来,有效增强教学效果。

经常使用的策略有以下几种。

1. 框架与图表写作

教师组织学习者对范文的篇章结构进行解析,提出范文的框架图表,并以视图提纲的形式指导学习者按照语言规范要求进行仿写。通过这种方式,学习者能够快速掌握写作的任务流程和教师要求,学会借助视觉图像的方式组织写作思路,帮助学习者在短时间内提高写作水平。

2. 概念构图

诺瓦克博士于1984年在《学会学习》(*Learning How to Learn*)一书中提出了概念构图,就是以简洁的图形表达知识结构,形象地呈现各知识点之间的联系,从而指导学习者进行有意义的学习,提高学习者对概念的理解。

英国应用语言学教授斯克里温纳在《学习教学:英语教师指南》(*Learning Teaching:A Guidebook for English Language Teachers*)中提出了"单词网"词汇教学法。"单词网"是指同类性质的单词按一定的结构层次关系形成的单词网络,学习者利用这种"单词网"进行比较、分析、综合等思维活动。通过这种游戏性的练习,学习者能够在掌握新知识、提高思维能力的同时极大地提高学习兴趣。

3.简笔画与线标

教师在黑板或幻灯片上勾勒简单的符号以配合教学内容的讲解,有利于吸引学习者的注意力,调动学习者的视觉感官体验。教师的讲解方式越直观,学习者对学习内容的认识、理解、记忆就越深刻。因此,这种方式也常常用在教师需要讲解比较枯燥的语法概念或者分析词汇的多重含义时。

(四)身体/运动智能的教学策略

身体/运动智能是指学习者善于运用身体动作和体态来表达自己情感的能力和动手的能力。身体/运动智能较强的学习者喜欢通过表演、舞蹈、运动、扮演角色和动手操作的方式来学习知识。教学过程中,教师可以借助肢体语言帮助学习者学习,并通过学习者的动作表演去评估他们对知识的掌握情况。

经常使用的策略有以下几种。

1.全身反应游戏

全身反应游戏是20世纪80年代初由艾谢提出的教学法。在课堂教学中,教师通过口头指令同时辅以相应的肢体动作来传达教学要求。学习者在充分理解的基础上按要求重复教师的口头指令并通过身体动作的反应来参与学习活动。这一策略适合低年级的英语教学。

2.角色扮演

角色扮演在一定程度上可以理解为一种戏剧创作活动。教师可以通过这种方式将真实的社会文化活动场景生动地呈现于课堂教学中,使每个学习者都参与其中,为学习者提供了大量的语言交际实践机会,使学习者对语言的理解与感受更接近于真实情况。教师在组织角色扮演活动时要掌握好学习者投入表演的程度,要始终围绕掌握语言知识的初衷,对表演过程中产生的一些语言错误不必随时纠正,可在事后选择其中有代表性的错误进行集中解释与练习。

(五)音乐/节奏智能的教学策略

音乐/节奏智能是指学习者通过歌曲创作、乐器演奏、歌曲演唱等形式来表达情感的能力。音乐/节奏智能较强的学习者擅长通过乐曲和歌词进行学习,教师可采取在课堂上播放音乐、学唱英文歌曲、进行朗读等教学方式,有效改善教学效果。

(六)交往/交流智能的教学策略

交往/交流智能较强的学习者对他人的心思、动作领会很快,能够处理好不同类型的人际关系,能理解和尊重他人,能站在别人的立场上思考并理解问题,喜欢以小组形式活动,往往具有很强的领导和组织才能。

经常使用的策略有以下几种。

1. 合作学习

合作学习是20世纪70年代初兴起的一种学习理论,其主要观点包括:以学习小组作为学习的基本单位,通过组织小组讨论、即兴表演、学习竞赛等教学活动,使每个学习者都拥有更多的语言交际实践机会;强调小组间的竞争,小组成员形成密切的合作学习关系,通过小组成员的共同努力完成教学任务;学习过程中教师要给予及时的、必要的现场指导,督促学习者不断反思、总结合作学习经验;明确各小组成员的任务,使所有学习者在参与小组活动时做到共同参与、机会均等,尽可能避免个别学习者对整个小组活动的支配和垄断。

2. 头脑风暴

头脑风暴是由美国创造学的奠基人奥斯本提出的发展创造性潜能的一种教学策略,它鼓励小组成员在头脑风暴的讨论中敞开思想、自由畅谈、激发灵感,在小组成员思想的相互碰撞中形成新观点、新思路,提出创新性的问题解决办法。运用头脑风暴策略进行训练时要注意提出的问题应该是简单的、易理解的、目的明确的,要营造自由的、平等的、友好的、随意的讨论交流氛围,使得小组成员能够积极参与、集思广益、相互补充、相互启发、凝聚共识,充分体现团队合作的智慧。

3. 多元文化教育

坎贝尔在所著的《多元智力教与学的策略》(*Teaching and Learning Through Multiple Intelligences*)一书中指出,优质的教育应该是面对每个学习者的多元文化教育。接受多元文化教育的学习者具有强烈的与他人合作的愿望,在交流过程中能够获得语言学习的知识和技巧,提高自身的语言交际运用能力。

(七)自知/自省智能的教学策略

自知/自省智能是指学习者进行自我认识和自我反思的能力。自知/自省智能较强的学习者善于分析自己的心理状态,了解自己的长处与短处,自主学习能力较强。

教学过程中培养学习者的元认知能力是提高学习自知/自省智能的重要基础,有利于帮助学习者更好地认识、理解自己的学习目标和情感变化。

经常使用的策略有以下几种。

1.培养元认知策略

元认知策略主要用于监控记忆认知策略、语法学习策略、听力认知策略、口语认知策略、阅读认知策略、写作认知策略等其他策略的使用,并通过计划管理、实时监控和反馈评价等过程和环节进行各项认知策略的随时调整。所以元认知策略对学习者的各项策略能够起到总体协调和平衡的作用,是培养学习者自主学习能力的重要渠道。

2.开展情感教育

教学活动不仅是认知信息的传递加工过程,还是情感信息的交流和体验过程。教师要培养学习者的各种高尚情操,发展学习者的情感能力,指导学习者客观认知、把握、控制、引导自己的情绪状态,始终保持乐观向上的学习态度,使其形成健康、积极的情感表达和交往方式。

第三节 语言习得理论

视听说教学的核心理念与语言习得理论密切相关,尤其是美国语言教育家克拉申的输入假说和第二语言习得的自然顺序假说。输入假说认为,学生需要接触略高于他们现有水平的语言输入,才能不断升级语言能力。而自然顺序假说则认为,学习者在自然环境中习得语言时,会按照一定的顺序,先掌握较为简单的语言形式,然后逐步过渡到更复杂的结构。因此,视听说教学通过提供丰富的听力输入,让学生能够在理解的基础上逐渐提升语言水平。

一、第一语言习得理论

(一)行为主义的"刺激—反应"论

行为主义心理学认为,可以用刺激—反应说来解释人类的一切行为,语言作为人类行为的一个重要组成部分也不例外。当个体的某一个反应被强化时,它便保持下来,成为一种习惯。同样地,语言学习也是一种习惯,是经过模仿、强化和不断重复而形成的。行为主义心理学代表人物斯金纳在《言语行为》(*Verbal Behavior*)一书中指出,语言是一种行为,是可以通过外部行为的表现来观察的,它不是先天拥有而是后天习得的。有效的语言行为是个体对刺激物做出的正确反应,学习语言的过程就是形成语言习惯的过程。在语言学习过程中,外部影响是内因发生变化的主要因素,语言行为和语言习惯会受外部语言刺激的影响而发生变化。

20世纪五六十年代的语言学习和语言教学深受行为主义学习理论的影响,反映在外语教学上就是使用听说法、视听法和采用以句型操练为主的教学模式,目的是让语言学习者对目的语进行大量的重复和操练,达到"刺激—反应"的效果,最终帮助他们形成语言习惯,塑造言语行为。反复操练一直被看作语言学习的一个重要的、有效的手段,尤其在外语学习初级阶段被广泛地应用。

斯金纳的语言观和语言学习观对语言学习和教学产生了深远的影响,模仿、练习和强化等手段在语言学习和教学中得到了广泛的应用。然而,随着时代变迁,人们逐渐对行为主义的学习理论产生了质疑,斯金纳的言语行为理论主要受到了来自美国著名语言学家乔姆斯基的批评。乔姆斯基提出的刺激贫乏假说指出,儿童的语言习得只有语言刺激是不够的,特别是当语言刺激贫乏的时候。也就是说,成人不可能为儿童示范每一个句子,儿童也不可能通过模仿来学会每一句话;成人也并不总是对儿童说出的话进行强化,即使有强化,也是针对话语的内容而较少关注话语的形式和结构。乔姆斯基认为,行为主义学习理论不能解释儿童言语行为中的创造性,单靠"刺激—反应"培养不出语言的交际能力。

(二)认知发展理论

认知心理学流派取代了行为主义,对语言学习做出了新的解释。认知是心理过程的一部分,是信息加工过程中的最高阶段。认知流派认为,语言学习是人类认识世界的一部分,因此应将它放在整个人脑认识事物的框架中加以考察与分析。

以瑞士著名儿童心理学家皮亚杰为代表的认知流派认为,认知发展是语言发展的基础,语言发展是认知发展的一个有机组成部分,语言能力是个体认知能力的一个方面,是主体与客体相互作用的产物。语言是伴随着认知发展而发展的,认知结构发展到一定阶段才出现语言。语言发展受制于认知发展,而语言的产生对认知能力的发展起到了很大的促进作用。一方面,有了语言,人们可以交流思想、信息;另一方面,语言能帮助人们更好地思维和认知新事物。可见,语言是一种认知活动,并且是以认知为基础的。

皮亚杰指出,儿童认知发展经历了几个不同的发展阶段。这几个发展阶段分别是感觉运动阶段、前运算阶段、具体运算阶段、形式运算阶段,每一个发展阶段均有一个独特的、基础的认知结构,所有儿童都遵循这样的发展顺序。语言在感觉运动阶段的最后几个月才出现,在儿童习得"客体永恒性"之前,说出的词都是"当地当时词"(here—and—now words)。在获得对客体永恒性的认知之后,当某一客体从儿童视野中消失时,儿童知道该客体仍然存在。这个时候儿童的语言中才会出现 all gone 和 more 这样的用语,可以表示诸如"爸爸妈妈都走了""还要喝牛奶"等意思。除了习得语言之外,儿童将逐渐获得其他许多符号功能,如象征性游戏、绘画等。前运算阶段初期,儿童处于自我中心言语阶段,缺乏倾听能力,没有信息和意念的交流,到了后期,发展到能用社会言语进行交流。

在具体运算阶段,儿童逐渐具有言语理解能力,能够理解、解决具体问题。在形式运算阶段,青少年的语言表达超越了具体事物,除了可以表达现实性以外,还具有表达可能性的语言能力。

著名学者维果茨基认为,儿童的语言发展在认知发展中起着重要作用,语言的发展能够带动认知的发展。维果茨基还认为,语言在儿童认知发展中起着关键作用,它是儿童用以认识与理解世界的一种中介工具,是一种思维工具。

语言作为儿童与他人进行社会交往的工具,具有交际功能。成年人和同伴在儿童的社会交往过程中起着重要作用。成年人通常进行解释,给予指导,提供反馈并引导交流;而同伴则在游戏与课堂情境中,通过对话来促进儿童之间的合作。儿童可以通过与比自身更有能力的人一起进行有意义的活动来学习,他们通过活动进行对话、交流思想,从而得到发展。

语言在形成儿童智力行为中起着指导和调节的作用,语言的发展是在社会文化历史环境中实现的。维果茨基认为"自言自语式"的外在言语是个人言语内化的先兆,是内部言语的开端。个人言语是引导个体思维与行为的自我谈话,在自我调控的发展中起着重要作用。随着儿童的成熟,这种喃喃自语逐渐发展为耳语、口唇动作、内部言语和思维,从而完成内化过程。具体的发展顺序为:外在社会言语→个体的外部言语→自我中心言语→内部言语。

总之,认知语言学认为,人的语言能力从属于人的一般认知能力,语言能力跟一般认知能力没有本质上的差别,语言能力的发展跟一般认知能力的发展有着极为密切的联系。认知心理学主张语言是受规则支配的创造性活动,语言学习是掌握规则、构建意义,而不是形成习惯。语言学习是一个认知过程,涉及词汇提取、选择语法规则等步骤,要求学习者对所学语言结构提出假设、做出判断,并根据新的语言输入证明假设的正确与否。语言学习是在不断对目的语进行预测、提出假设、验证、纠错过程中进行的。

认知发展论解释语言习得的不足之处在于：认知发展论不是专门解释儿童语言习得问题的，因此语言习得中的许多问题并未得到解决；语言发展受诸多因素的影响，只强调认知一方面的因素是不全面的；认知发展论只强调认知能力对语言能力的影响，忽略了语言能力发展对认知能力发展的影响。

(三)语言功能论

语言功能论的代表人物是著名的语言学家韩礼德。语言功能论是从语言交际功能的角度研究语言发展的。该理论认为，儿童语言习得是为了学会如何表达意思，如何用语言做事、进行交际。对儿童来说，掌握语言结构固然重要，但更重要的是掌握语言的语义体系和语用体系。韩礼德认为，只从语言结构的角度探讨儿童语言习得，不能解释儿童为什么能掌握成人的语言体系、儿童的语言体系是如何过渡到成人的语言体系的。儿童语言习得过程，是认识世界并与世界进行交往的过程，是学习如何通过使用语言表达各种意义的过程，是不断社会化的过程。

成人语言与儿童语言的根本区别在于成人能在抽象、间接的情景中使用语言，儿童学习语言就是学习如何脱离直接的语境，通过使用语言实现各种交际目的。儿童的语言体系中首先有意义体系，儿童要借助成人语言，由简单到复杂，使其语言体系在交际过程中不断得到完善，逐渐向成人语言体系接近直至吻合。韩礼德认为，儿童语言的发展从一开始就是通过说话实现某种目的的产物。一个孩子出生之后，不仅需要逐步认识周围的人和事物，还需要学会与周围的人交往，既要满足物质上的需求，也要满足精神上的需要。韩礼德将儿童语言习得的过程分为三个阶段：第一阶段是原型语言阶段；第二阶段是原型语言阶段到成人语言的过渡阶段；第三阶段是学习成人语言阶段。原型语言的符号是儿童自己创造出来的，每一个声音都有其独特的功能，其有两个特点：第一，每个声音或每句"话"只能发挥一种功能；第二，每种语言只有声音和意义两个层次，而成人语言除了语音和意义两个层次之外，还有词汇－语法这个中间层次。当儿童语言向成人语言过渡时，将经历一个过渡阶段，该阶段的语言不同于原型语言,每个语音或每句话都能同时发挥两种或三种功能,而掌握全部语言功能是向成人语言系统转变的充分必要条件。当进入成人语言阶段时,语言便有了语义、词汇－语法和语音三个层次。

语言功能论从语言交际功能的视角来说明第一语言习得过程,注重阐述儿童对语言意义和功能的掌握。在该理论的影响下,产生了功能法教学流派。

以上三种有关第一语言习得理论可以归纳为:行为主义的刺激－反应论认为后天环境的外部因素决定一切,儿童必须通过大量的练习、模仿和强化习得语言;认知论认为语言习得是先天与后天相互作用的结果,语言能力是认知能力的一部分,语言发展是伴随着认知发展而发展的;语言功能论将第一语言习得看作语义体系掌握的过程,是儿童掌握不同语言方式来表达各种功能的过程。

综合以上观点可以得出下面的结论:

1.儿童第一语言习得是先天语言习得能力和后天环境共同作用的结果。语言习得既需要语言规则的内化,又需要通过模仿、操练养成语言习惯。

2.儿童的语言能力是其认知能力的一部分,是与儿童的认知发展相适应的。

3.第一语言的习得,既包括语言结构的习得,也包括语言功能的习得。

4.儿童的语言习得是在交际中实现的。

二、第二语言习得理论

第二语言习得理论的主要研究内容是外语的学习活动,涉及中介语研究、学习者内部因素和外部因素研究、外语学习的生理机制和心理机制、外语学习策略等。与其他社会科学相比,第二语言习得理论开辟了一个新的研究领域。因此,第二语言习得理论对外语教学实践有十分重要的影响,有助于加深对外语教学与学习的特点与本质的认识,了解外语学习与社会、文化的关系及影响外语学习的积极因素与消极因素,查漏补缺,扬长避短。

(一)对比分析理论

20世纪40年代左右,对比分析在研究的初期受到语言学和心理学研究的影响,当时人们认为,重点突出学习者的母语和目的语间的差异部分,就能够有效地避免语言错误。但是,从20世纪60年代末开始,对比分析研究的这种观点渐渐受到了批评和质疑。有人提出,学习者的母语与目的语间差异不明显的地方更应该被重点突出,因为这些部分难度更大,反而有差异的地方更容易被学习者接受和掌握。于是,人们的研究中心逐渐转移到了错误分析和中介语研究上。到了20世纪80年代,对比分析研究在一些新领域的探索上取得了重要的成果,重新得到了语言学和外语教学的关注。

美国语言学家罗伯特·拉多开启了现代意义上的对比分析研究。1957年,罗伯特·拉多出版了《跨文化语言学》(*Linguistics Across Cultures*),这是世界上第一部对比语言学专著,也是对比分析理论建立的标志。与美国语言学家瓦恩里希和豪根不同,拉多对移民双语现象的研究更多的是关注学习者在第二语言学习中母语对第二语言学习产生的影响,而不是移民所习得的第二语言对其母语的影响。罗伯特·拉多的研究提高了对比分析研究在外语教学中的重要地位。

罗伯特·拉多的对比分析理论主要包含以下内容。

1.学习者的母语与目的语是可以进行对比的。

2.通过对比学习者的母语与目的语中的差异,能够预测可能会引起学习困难的语言项目及可能会出现的语言错误。

3.通过对比分析中的预测能够对外语课程和教材中相应的项目进行调整。

4.在相应的项目中,可利用强化手段,如重复练习或操练等来克服母语的干扰,形成新的语言习惯。

(二)错误分析理论

传统意义上的错误分析研究在对比分析研究盛行之前就已存在,只不过当时只涉及语言层面,仅对教师或学习者的一般错误进行收集和整理,并没有进行深入系统的研究。

现代意义上的错误分析理论的最早提出者是美国语言学家彼得·科德,其于1967年发表了《学习者错误之重要意义》(*The Significance of Learner's Errors*)一文。关于"错误"的认识,彼得·科德将"错误"分为"偏误"和"失误"两类。偏误与学习者语言能力的欠缺有关,常常无法自我纠正;而失误则属于学习者学习行为上的欠缺,能够自我发现并及时纠正。

错误分析理论将学习者的语言错误作为研究的重点,在深入理解其"过渡能力""相似系统""特质方言"或"中介语"的基础上,解释发生错误的原因,进一步探索学习者的语言习得心理机制。错误分析的过程可以分为五个环节。

1. 选择语料

根据大小和规模,语料可以分为大样语料、小样语料和个案语料。在错误分析的研究中,最先采用的是小样语料或者个案语料,之后又出现了语料库研究。

2. 识别错误

一般关于偏误与失误的识别可以依据两条标准:语法规则和语境规则。

彼得·科德认为失误才是错误分析研究的对象,但也有人提出了二者皆为研究对象的观点。

3. 错误分类

对错误进行分类,有多种不同的方法。每一种方法都不是绝对的,有时会出现交叉项。

彼得·科德先将错误分为两类:语言能力错误和语言使用错误。之后,他又在此基础上进行补充,将错误重新划分为三类:前系统性错误、系统性错误和后系统性错误。

美国语言学家理查德将错误划分为语际错误、语内错误和发展性错误。

美国应用语言学家克拉申等以语言范畴为依据,将错误划分为语音错误、词汇错误、语法形态错误、句子或语篇结构错误。

4. 解释错误

错误产生的原因有多种,主要有语言、交际、情感、认知等几个方面。总结来说,有以下几类:

(1)语内迁移,即目的语的干扰性错误。

(2)语际迁移,即母语的干扰性错误。

(3)学习者自身的交际策略、交际方式、性格、学习习惯等引起的输出性错误。

(4)诱导性错误,即教学实践中人为的错误性输入使学习者产生了错误的认知。

(5)学习者的自身因素也会导致差异的产生。

5. 评估错误

在对错误进行评估时,彼得·科德认为应该考虑三个方面:错误是否严重;错误是否妨碍理解和交流;错误是否应该被纠正。对错误的评估会受到多种因素的影响,如交际语境、交际背景等。

(三)信息加工理论

信息加工理论认为语言学习是一项复杂的认知技能的学习,语言学习是语言信息处理的过程,学习者是独立的信息处理者,学习者的中介语系统处在不断地组织和建构过程中。

1. 显性知识和隐性知识

显性知识和隐性知识的概念是由波兰尼在其著作《个人知识》(*Personal Knowledge*)中首次提出的。波兰尼认为,人有两种类型的知识:通常称作知识的是以书面文字、图表和数学公式加以表达的知识,这只是知识的一种类型;没有被表达的知识是另一种知识,如我们在做某件事情的行动中所掌握的知识。波兰尼把前者称为"显性知识",把后者称为"隐性知识"。按照波兰尼的理解,显性知识是能够使用一定符码系统(如语言、数学公式、图表、盲文、手势语等)加以完整表述的知识,而隐性知识指那种我们知道但难以用语言表达的知识。

第二语言的显性知识和隐性知识在表征和加工层面表现出明显的区别。在表征层面,显性知识和隐性知识在意识、知识类型、系统性及第二语言知识的确定性等维度上有所不同。在意识维度上,显性知识是有意识的表征,隐性知识是无意识的。例如,在判断句子是否符合语法规则时,隐性知识告诉学习者这个句子符合或违背了语法规则,但是学习者不知道应该如何表述该规则;显性知识不仅可以告诉学习者这个句子是否符合语法规则,还可以解释原因。从知识类型维度上看,显性知识是陈述性知识,是关于事实和概念的知识,是可以用语言来表述的;隐性知识是程序性知识,是语言使用的知识,是自动提取的。从系统性及第二语言知识的确定性上看,隐性知识比显性知识更具有结构完整性和确定性。

在加工层面,显性知识和隐性知识在知识的可及性、第二语言知识的运用、自我报告、可学性等维度上有所不同。从知识的可及性维度上看,显性知识需要控制性加工,隐性知识则是自动化加工。从第二语言知识的运用维度来看,如果学习者有足够的时间进行语言输出计划,他们就可以运用显性知识使其输出更加准确;相反,如果他们完成任务的时间紧迫,他们就会提取隐性知识。从自我报告维度来看,显性知识是可以用语言表述出来的,而隐性知识则不能。从可学性维度来看,显性知识是可以学习和掌握的,隐性知识则不能。

对第二语言学习者来讲,特别是当他们在非母语环境中学习第二语言(如课堂教学)时,他们的第二语言的知识是显性的,至少在初级阶段是这样。即使在高级阶段,他们的第二语言能力已经达到一定的水平,第二语言的显性知识还是存在的。

2. 自动化

第二语言学习的最终目的是在交际中熟练地运用语言,但在学习的开始阶段,学习者很难流利地使用第二语言。与第一语言不同,学习者在说第二语言时,头脑中会有意识地进行言语计划,如要表达的内容和所用的句型,有的学习者甚至会将第一语言的表达翻译成第二语言,因为他们的口语表达不连贯,所以会有很多不必要的犹豫、停顿,更不用说语法错误了。这说明学习者对第二语言的运用还处于控制性加工水平阶段,学习者需要付出较多的努力,且要关注语言的形式和内容,这种加工需要较多的注意力资源,受到有意识的控制,速度比较缓慢。自动化加工则相反,无须注意力资源,不受有意识的控制,速度很快。当学习者不断地在交际中操练第二语言时,他们会重新分配注意力资源,较少关注已经掌握的语言形式,而是将注意力转向意义的表达或难度水平较高的语言形式。

认知心理学家纽厄尔区分了两种加工方式:控制性加工和自动化加工。控制性加工速度较慢,可以停止,受加工信息的影响,能够搜索有限项目,有意识加工,无突然突出;自动化加工快速,不可停止,不受加工信息的影响,能够搜索全部项目,无意识加工,突然突出。控制性加工和自动化加工是相对而言的,第二语言学习的最终目标是自动化加工。学习者需要在语言学习中创造一切机会练习语言,反复地操练、大量地操练,在特定语境中进行练习。语言使用越流畅,学习者就可以有更多的注意力资源去表达意义。

第三章 高中英语听力教学

第一节 听力教学的模式与原则

一、听力课堂教学的模式

在听说教学法出现之后,听力一直被置于语言教学的首位。然而,在实际的高中英语听力课堂教学中,很多教师依然习惯采用传统的听力教学模式,即放录音—做练习—对答案,只是将听力教学作为其他课堂活动的跳板,听力活动的真实性、学生学习的主体性、听力教学的过程性和交际性等都没有得到很好的体现,这在很大程度上阻碍了学生综合运用语言能力的提高。在这种情况下,教师有必要了解听力教学的基本模式,从而实施有效的高中英语听力教学。

(一)文本驱动听力教学模式

文本驱动听力教学模式强调语言知识在整个听力理解过程中发挥的作用。该模式认为,学生理解口头语言的过程是一个从部分到整体对语言进行线性加工的过程,也就是对构成单词的语音信号、构成短语或句子的单词、构成连贯语篇的短语或句子进行切分和理解的过程。

因此,在进行高中英语听力理解训练之前,教师要安排相当程度的微技能训练以及词汇、语法知识的教学,帮助高中生扫除听力理解过程中的语言知识障碍。概括来讲,其教学内容包括:语音练习,如最小语言单位练习、重读训练;单词、短语语音解码;词汇、句法结构的训练;等等。但在有些情况下,即使在听力过程中没有语言知识障碍,高中生仍无法理解听力材料,因此,从某种意义上说,文本驱动听力教学模式作为培养高中生听力技能的一种手段存在其自身的缺点和不足。①

(二)图式驱动听力教学模式

图式驱动听力教学模式是针对文本驱动教学模式的弱点所提出的，它侧重激活学生已有的、关于听力材料的图式知识，强调有关听力话题的背景信息及有关说话者的意图、态度等信息。图式驱动听力教学模式是基于图式理论提出的，下面将对图式理论及其在英语听力教学中的运用进行详细介绍。

1. 图式理论与听力理解

图式听力理解模式是在"信息处理"模式的基础上得到进一步发展的。"信息处理"主要涉及"自上而下"和"自下而上"两种处理方式。

"自下而上"是由刚进入认知理解系统的具体信息启动，这些具体信息用来激活最具体、最底层的图式，因此，理解过程也从最具体、最底层的图式的示例化开始，即从具体到抽象、自下而上进行，以高层次或较为抽象的图式的示例化而结束。具体到英语听力理解中，余雪芳认为，"自下而上"模式指的是通过提高对音素、词汇、句法和语法的解析来确定单词、句子以及篇章的意思，是一种从部分到整体的认知法，它要求学生要能辨别语音、语调，弄清楚单词或词组的意义，理解句型和语法结构，等等。

"自上而下"是指从高层次的图式和背景知识开始，以它们来预测、推测、筛选、吸收或同化输入信息，并以形成抽象化的结果结束，这种"自上而下"的加工过程从所经历事件的一般知识开始，产生特定预期，这种预期实际上是关于感觉信号的性质的某种理论或假说，正是这种预期与概念在指导着各个层次的分析阶段。在英语听力理解过程中，"自上而下"模式是学生运用其背景知识对所听信息进行推断或假设，从篇章层次上对听力材料进行辨认、理解和预测，是一种从整体到部分的认知法。这种模式对学生自身的语言系统知识要求不高，但要求学生具备一定的经验和知识来对所听到的材料进行处理，而如果学生在这两方面都比较欠缺

---

① 赵会琴.浅谈高中英语听力教学实施策略[J].才智,2020(4):30.

的话,采用"自上而下"的模式对学生而言就有很大的难度。

综上所述,高中英语教师在听力理解过程中,两种信息加工方式在词汇、句法、语篇等不同层面上相互作用,迅速而准确地辨认客体,促进主体的听力理解。具体而言,输入的信息激活学生高级水平的图式,高级水平的图式以先前知识或经验为先导,通过运用"自上而下"的加工对全文的主题思想进行搜索,同时学生运用"自下而上"的加工分析听力材料的特征,通过对词义、句子、语义进行逐级分析,不断走向高级的加工过程。

需要注意的是,图式中的"预期"结构在高中英语听力课堂教学中同样起着十分重要的指导作用。学生在缺乏直观交际环境的情况下,"预期"对学生的听力理解具有促进作用。"预期"是指学生根据听力材料中所提供的各种"线索"对后续的信息进行推测。高中生在预测听力材料的内容时,开始积极、主动地挖掘自身已有的知识经验,并将其与新输入的信息联系起来。这时,学生的目的性强,能较准确地把握主导信息,从而把非关键信息的干扰减少到最低限度;同时,学生还能对漏听的信息进行补充,协调头脑中的图式结构与输入信息的差异,直至整体理解的实现。

由此可见,学生头脑中已存储的知识对他们吸收新知识的方式和运用效果起着关键作用。在高中英语听力教学中,影响听力理解的图式又分为语言图式和内容图式。

2.图式教学模式的运用

在图式驱动听力教学模式下,高中英语教师不仅要教授新知识,更重要的是激活学生头脑中已存储的知识结构,使新信息更容易被学生理解和吸收,并融合到已有的图式中,产生新图式,丰富头脑中图式的内容,从而正确理解和记忆所听的内容。具体来说,教师对图式教学模式的运用应从以下几个方面着手。

(1)加强语言教学,丰富高中生的语言图式

图式理论虽然在宏观上强调背景知识的作用,但在微观上并没有忽略语言因素的影响。总之,语言知识才是一切交际活动的基础。学生只有熟练地掌握词汇、语法和句型结构等知识,建立起足够丰富的语言图

式,才能对输入的语言信息进行解码,进而根据上下文线索去激活大脑中已有的内容图式,迅速准确地领悟语篇的意义。

(2)拓宽知识面,充实高中生的内容图式

学生对所听话题的熟悉程度是影响英语听力理解最为显著的因素。为此,教师可以采用听前导入—听音训练—口头反馈的教学模式,有效提高听力教学。在听前导入阶段,教师要注重向学生介绍背景知识,提示线索,建立恰当的图式或激活学生已有图式,增加学生对输入材料的熟悉度,缩短学生的内部认知结构与输入信息之间的差距,加速新旧知识的同化或建立关联。

(3)采取适当策略,激活高中生的已有图式

长期记忆中的语言知识和非语言知识对理解至关重要,可以说图式的激活是思维理解的准备阶段。所谓图式的激活,是指学生利用所接受的某些信息,如文章的标题、关键词等线索,去预测、判断所听材料可能涉及的内容,并据此从图式框架中提取可能适合的相关背景知识。如果学生不能有意识地利用他们的背景知识和经验,在特定的语境中他们就无法理解所听的内容。因此,在高中英语听力教学中,教师要善于引导学生对大脑中储存的知识图式进行选择、整理和加工,充分发挥学生的联想和推测能力,及时激活学生大脑中的现存图式,使学生为更好地理解听力材料做好准备。

(三)交互式听力教学模式

听力过程是一个复杂的生理过程和心理过程,需要学生运用已有的语言知识和图式知识,并采用适当的听力策略,对文本信息进行加工处理,从而理解说话人的意图,达到培养和提高听力技能的目的。基于文本驱动和图式驱动两种听力教学模式的缺点,交互式听力教学模式综合二者的优势,有效利用语言知识和图式知识,开展高中英语听力教学。

所谓交互式课堂教学,是指师生间、学生间进行双向或多向的信息交流。教师主要以组织者的身份,给学生提供尽可能多的任务和活动,引导他们用英语去交流情感、思想和观点,并协助学生解决活动中出现的问

题;学生则依靠自己的智慧性和创造性,自主学习、合作学习。

在高中英语听力课堂教学实践中,交互式听力训练的操作方式是灵活多样的。严格来说,交互式教学不是一种具体的教学方法,因为它没有固定的教学格式和环节,实际上它是教学方法的指导思想。因此,教师要根据学生的实际情况和需求,以及教师自身的特点,选择最合适的交互活动和教学方法。一般来说,采用交互式听力教学模式应注重以下几个方面。

1. 多方位互动

高中英语听力课堂中的交互活动是多方位的,有师生互动,也有学生互动;有教师与全班学生互动,也有教师与个别学生互动;有两个学生互动,也有小组互动。比如:在引入听力话题时,教师既可以提供图片等书面材料让学生讨论,也可以用提问的方法引起学生思考;在核对答案时,教师既可以直接提问学生,也可以让学生之间先互对答案,然后要求学生带着同伴的各种意见再听一次材料。这样处理,学生会对理解不当之处引起特别注意,再听材料时就能有的放矢,克服听力障碍。这种选择性注意是交互假说的一个重要概念,在语言学习中起着重要的作用,同时,这样做也培养了学生在听的过程中用已知事实对预测内容进行不断修正的能力,符合交互认知法。

2. 多层次互动

高中英语听力交互学习中,学生进行意义协商、互相交流的重点,既可以是发音、用词、句法、语法等方面的知识,也可以是文化背景知识、个人经验等内容。这一过程既涉及自下而上的听力理解,也涉及自上而下的听力认知知识和技巧。例如,在听力开始之前,教师可以引导学生以小组活动的形式讨论各种类型的环境污染,帮助学生增加相关的词汇量,同时纠正发音,为理解有关环境污染的听力材料做好准备。在听完材料之后,教师组织学生互相介绍听力材料过程中所使用的方法和技巧,以达到取长补短、互相学习的目的。

3. 多形式互动

高中英语听力课堂教学中的交互活动形式多样，教师要善于运用不同的交互活动来开展听力教学。从组织形式来看，交互活动可以通过教师讲演、小组讨论、双人作业等形式开展；从任务形式来看，交互活动可以通过口头表达、自由讨论、辩论、竞赛、游戏等形式进行；从学习形式来看，交互活动可以将听、说、读、写融为一体，综合培养学生的英语语言运用能力。经过精心安排后，形式多样的交互活动会使枯燥沉闷的课堂气氛变得生动活泼，从而激发学生的学习热情，提高学生听力学习的主动性和积极性。

（四）PWP 听力教学模式

PWP（pre-listening，while-listening，post-listening）听力教学模式由听力前阶段、听力中阶段和听力后阶段三个阶段组成。这种听力教学模式重视背景知识在听力理解中的作用，并利用听力前阶段和听力中阶段有效地提高高中英语听力课堂的教学效果。

1. 听力前阶段

听力前阶段，教师的主要任务是帮助高中生建立新图式或激活学生头脑中已有的图式，通常采用预测、头脑风暴、提出问题、发现活动等方法，帮助学生确立听力目标、激活背景知识、展示话题、激发学习动机，训练相应的语言和语音微技能。例如，为了弥补课堂环境中语境的缺乏，在听力前阶段，教师可以为学生提供与听力材料相关的背景知识，目的是激发学生的图式知识，以便更好地理解听力材料。

2. 听力中阶段

听力中阶段是听力教学中的关键阶段，这一阶段以信息理解和技能训练为主，教师要培养高中生学会使用相关的听力技巧和策略，便于学生对材料的理解和记忆。此时学生需要高度集中注意力来处理相应的语言信息，因此这一阶段也是教师最难以控制的阶段。

在这一阶段，教师可以采用丰富多彩的教学活动，达到理解信息和训练技能的目的。比如，教师可以要求学生根据听力信息对相关内容排序，根据听力信息填空、绘制图片或表演相关动作等活动。一般来讲,听力任务的难度在很大程度上取决于教师要求学生根据听到的信息完成任务的方式。

3. 听力后阶段

听力后阶段是巩固所学知识的阶段,高中生应用学习到的知识和技能评估听力效果,通过听后说、听后写、听后填表、听后进行创造性的语言输出等方法,达到巩固听力信息和技能的目的。需要注意的是,这个阶段的练习活动应以测试学生对听力材料的理解为主,而不是考查学生的记忆。如果听力材料过长,学生就有可能忘记前面听到的内容。通常情况下,教师可以采用开放式的问题来引导学生进行小组讨论,猜测说话者的情绪状态,或者采用推理式问题来引导学生根据听力材料加以判断。

(五)任务型听力教学模式

任务型听力教学模式强调听力学习任务的真实性,通过完成真实的听力任务提高高中生的听力理解能力。通常来说,听力任务可以分为课堂小型任务和课外项目任务。听力任务一般涉及以下几个方面:

第一,列举型任务,即学生听完一段材料后,根据一定的顺序或关系,将听到的有关事实罗列出来。

第二,排序、分类型任务,即让学生听完后把物品、事实或发生动作按时间、逻辑顺序排列;教师也可以把课文图片、段落或重点小节的顺序打乱,然后让学生重新按顺序排列。

第三,比较型任务,即要求学生听完材料后对类似的东西、物品等进行比较,找出它们之间的相同之处和不同之处。

第四,问题解决型任务,即学生根据听力材料和已有的知识来解决听力材料和现实有关的问题,分享个人经验型学习任务和创造型学习任务。

任务型听力教学模式能够有效培养学生的合作意识和探究精神,并且不断提高学生对听力学习策略的应用能力。任务型听力教学程序包括听力前任务阶段、听力中任务阶段和听力后任务阶段。

1. 听力前任务阶段

听力前任务阶段主要是高中英语听力教学中根据听力材料布置听力任务。听前活动的主要任务是帮助学生形成足够的语境知识,激发学生的学习动机。因此,在这一阶段,教师要设计各种听力任务,由浅入深地逐步引入主要信息,激活学生的已有知识图式、建构新图式,这样将有利于学生在活跃的气氛和放松身心的环境中充实背景知识,更好地掌握与主题相关的知识图式。相应地,学生听主题篇章的次数也会减少,听力理解能力自然就会提高。

2. 听力中任务阶段

高中英语听力课堂教学中,由学生集体和个体准备听力任务,并展示成品。听力中任务阶段注重语言的输入与输出相结合。

传统的高中英语听力教学模式是让学生先听一遍录音,做教材上的练习题,然后教师校对答案,之后学生重复听一遍录音。整个教学过程学生完全处于被动接受的状态,即认知上的单一输入。克拉申认为,第二语言习得必须通过理解大量反复出现的输入语,即可理解性输入,才能完成。习得者在接触大量易懂的实际语言时,借助交际情景和上下文理解输入语,自然地掌握其中的句子结构,最终实现语言的交际功能。也就是说,话语能力(即有意义的自然输出)是在习得者通过理解性输入达到一定语言能力时自然产生的。因而,对于英语听力教学来说,听、读与说、写同等重要,听力教学的意义在于将听说活动有机地融入一个教学框架内,帮助学生在真实、完整的交际过程中掌握英语交际的技能。

开展任务型听力教学,教师在设计听力任务时,除了要关注教材上有关听力理解的练习之外,也要尽量设计一些问题,引导学生开口说英语。例如,教师可以设计一些细节问题,让学生重复听录音之后口头回答,或是设计一些文章中没有具体答案的问题,这样的问题有助于学生通过听前的图式建构和听中的信息获取积累背景知识,从而在讨论中有话可说。此外,教师也可以设计一些其他形式的口语练习,以激发学生参与的积极性。

3.听力后任务阶段

听力后任务阶段是高中英语听力课堂教学中,结合学生听力任务展示所反映的问题进行词汇、语法及听力策略的专项训练。听后活动的主要任务不仅仅是检查答案,还应该查找学生存在的问题,针对问题进行相关指导。此外,由于听力材料一般都会包含一些运用语言的良好例证,如建议、邀请、拒绝、道歉等,因此在听力实践后,教师可以让学生回忆这些表达方法,学习如何使用它们。

二、高中听力课堂教学的原则

听力能力是理解和吸收口头信息的能力。在语言学习活动中,高中生正是通过这种领会能力,输入大量的语言材料,促进说、读、写等其他语言技能的发展。近年来,高中英语教学改革不断推进,许多教师加大了听力训练的力度,但依然收效甚微。下面介绍一些听力课堂教学的原则。

(一)激发学生求知欲原则

求知欲能够激发学生产生积极、主动、强烈的学习兴趣,促进听力教学的顺利开展。因此,在听力教学过程中,教师要以学生为本位,选取内容丰富的英语听力材料,激发学生的求知欲。例如,教师可利用现有英语听力教材所提供的课文和对话材料及考试题型,开展学生的基础听力训练,并适当选择拓展兴趣型的听力材料,如涉及礼仪社交、饮食营养等方面的材料、涉及英语语言文化背景知识的材料,如关于欧美国家社会制度、风土人情、民俗习惯、人们的思维方式和价值观念等方面的材料;经典英文歌曲和英语原版经典电影材料,通过纯正的英语及电影中精彩的表演,激发学生学习英语的兴趣;借助 VOA(The Voice of America,美国之音)和 BBC(British Broadcasting Corporation,英国广播公司)的英语节目材料,让学生关注世界综合新闻,了解英语国家的风俗文化。

需要强调的是,英语教师在选择高中听力材料时要综合考虑高中生已有的语言知识和能力、高中生的心理和生理发展水平以及认知规律。

(二)由浅入深、循序渐进原则

在高中听力课堂教学中,教师要由浅入深、循序渐进地对学生进行引导,从而使每个学生都有不同层次的提高,让他们学会一些方法技巧,体验到学习的成就感。从听力材料的选择上来讲,教师在听力教学之初,应尽量选择那些发音清晰,连读、弱读现象少,且语速适中的材料。随着教学进程的推进,教师可以在各个方面提高听力材料的难度。在具体教学过程中,在听第一遍之前教师可以引导学生整体把握听力内容,提出一些具有概括性的问题;听第二遍之前,教师可以围绕教学重点提出一些探索性的问题。需要注意的是,听前提问要求教师以课文内容的先后顺序为主线进行逐级提问。听完材料之后,教师可通过急问抢答的方式来训练学生思维的敏捷性和灵活性。

(三)符合交际需要原则

高中英语听力课堂教学的最终目的是使学生能听懂地道的英语,并且能运用英语进行交际。因此,听力材料应尽量具有真实性、交际性,语音、语调真切自然,符合在实际交际场合中的说话标准。在平时的听力教学中,教师应遵循符合交际需要的原则,即坚持用正常的语速说英语,并严格要求自己,力求发音准确无误。此外,听录音是培养听力的行之有效的方法,教师要充分利用各种电教设备,让学生尽可能多听地道、纯正的英语,并让学生习惯听不同年龄、性别、身份的人在不同场合的发音,偶尔也可以让学生听一些地道的英文歌曲来提高学生的学习兴趣。

(四)丰富听力训练手段原则

在高中英语听力课堂教学中,教师应该根据不同的训练目的,采用不同的训练手段。在课堂上,培养高中生听力能力的一个重要途径就是学生听教师和其他同学讲英语。教师可以在遵循由慢到快、循序渐进的原则下,坚持用英语组织听力课堂教学、讲解听力材料,并鼓励学生大胆开口说英语,以创造良好的课堂学习氛围。此外,教师还可以根据不同的听力教学目标选择不同的听力材料,并采用不同形式的训练模式。例如,教师可以在听材料之前给学生提一些问题,让学生在听完材料之后用母语做出回答;鼓励学生自由选听各种材料,然后说出或写出所听的内容。总之,教师应尽可能地为学生创造听英语的机会和条件,让学生通过听觉接触大量的英语,逐步发展自身听的能力。

(五)注重过程与注重意义教学相结合原则

在高中英语听力课堂教学中,教师要注重教学过程,而不是教学结果;听力教学关注更多的是听力材料中的内容,而非语言形式,所以要求教师注重意义教学而不是语言形式教学。遵循注重过程与注重意义教学相结合的原则,有利于提高英语听力教学的质量,改善听力教学的效果。

(六)分散训练和集中训练相结合原则

分散训练是指在英语听力课堂教学中,让学生不知不觉地接受听力的专项训练。比如,在高中英语听力课堂教学中教师在讲解例句、文章时应尽可能口头完成。这种潜移默化的影响有助于学生听力水平的提高。

有学者认为,集中训练是指在分散训练的基础上,每周专门抽出1~2课时进行大量的、有指导的强化训练,对学生在听力中遇到的具体问题进行专门的帮助和指导。对于读音或拼写有些相似的单词,教师应该进行分散训练。例如,conscious 与 conscience 这两个词有相同的前缀,读音也有些相似,对这类词教师应该进行专项训练,避免学生在听力训练中的混淆。在分散训练的基础上,教师还可以进行短对话,以及短文的集中训练,有针对性地抽取听力理解的难点,训练学生的听力能力,检验学生的听力水平。

(七)分析性的听和综合性的听相结合原则

分析性的听以词、词组、句子为单位,注重对听力材料细节内容的把握。换句话说,分析性的听需要高中生在听材料时"抠"字眼,例如,当听力题中涉及有关时间、地点、数字等问题时,要求学生在听的过程中对此类细节特别注意并做简单记录。

综合性的听则以语篇为单位,注重对听力材料的整体理解,这种方法可以解决听力题中涉及材料主旨大意、整体思想的理解等方面的问题。

分析性的听是综合性的听的基础。通常情况下,听力题往往既涉及材料的通篇理解,又注重考查细节问题,因此,教师在听力训练中就要遵循综合性的听与分析性的听相结合原则,安排相关的听力训练,培养高中生的听力理解能力。

(八)理解和反应相结合原则

进行高中英语听力课堂教学中的听力训练时,学生的理解程度如何,要通过观察学生对所听材料的反应来判断。学生只有真正听懂了,才能做出正确的反应,而检验学生是否听懂也只有靠做出反应的正确与否来实现。如何帮助学生根据不同材料的具体要求,做出正确的反应;如何提高学生做出准确反应的速度;如何依据不同的材料,提出恰当的问题,来准确地检查学生的反应情况。这些都需要教师在进行听力训练时给予足够的重视。

检查学生反应情况的形式是多种多样的,既可以通过口头的形式来检查,也可以通过书面的形式来检验。虽然学生的反应在很大程度上取决于听懂的程度,但是由于检查反应方法的多样化,学生在回答问题时,不仅要听懂教师所提的问题,还要具备一定的说的能力。选择题的准确、合理程度在很大程度上会影响检查的结果。此外,学生在做选择题时还受到自身理解力、判断力的影响。由此可见,如何实现听懂材料和做出正确反应的有效结合,是相当复杂的问题。

总的来说,在高中英语听力课堂教学中,对于一些专门用来检查学生听力理解的题型,教师要进行一定的练习,使学生能听懂、会答题。除此之外,单项选择、填空等题型都要加以训练,以便学生的理解和反应同步进展。

(九)听说读写相结合

听、说、读、写四项活动,既相互独立,又相互依存,但在多数情况下,几项活动可以互相结合,同时进行。对于听、说、读、写四种技能,任何一种技能的提高,都能带动其他技能的提高;反之,任何一种能力的缺乏,都会影响其他能力的掌握与运用。因此,在高中英语听力课堂教学中,教师应遵循听、说、读、写相结合的原则,合理有效地将听力训练与其他技能的训练结合起来,培养学生的听力能力。具体需注意的点如下。

1. 听说结合

听和说是交际中不可或缺的两个要素,是不可分割的整体。安德森和林奇认为应强调听过程中积极的一面,即在教授听力课时,应给学生使用目的语相互交流、表达思想的机会。高中英语听力课堂教学应打破传统的只听不说的教学模式,改为听说相结合的方式。教师在听力教学中要鼓励学生积极参与各种听力教学实践活动,变被动为主动,学生只有听懂了,才能说得出。听力训练的过程也是口语训练的过程,口语训练的过程也是锻炼听力的过程,二者是相互促进的关系。

2. 听读结合

听读结合既能增强学生的语感,又有助于学生将单词的音、形、义三者统一起来,减少判断误差。听读结合要求教师引导学生做好听前的预习活动,例如,在听录音之前,教师要提出具体要求,如学完单词、句子后,教师放录音让学生模仿跟读。朗读的材料可以是课文或与课文难度相仿的文章。学生边听边读,不仅可以模仿到地道的语音、语调,还能增强语感,纠正发音错误。此外,在高中英语听力课堂教学中,学生若能长期坚持边听边读,那么听力的输入量就会随之增大,词汇复现率也会随之提高。这样学生对于一些常用语也就会更熟悉,进而能够加深对文本的理解,提高对语言的反应速度。

3. 听写结合

高中英语听力课堂教学中的听写结合有助于培养学生语义信息输出的能力。听写结合的最佳形式是听写练习,它要求学生在有限的时间内将所听到的内容同步记录下来,这就需要高度集中的注意力和对语言的敏感性。在有些情况下,听得懂不一定能写得准,只有二者结合,才能真正地提高听力水平。教师在听力教学中要有意识地培养学生听写结合这一能力。

听写结合的训练题型包括根据所听内容选择最佳选项、根据所听内容填单词、根据所听内容判断正误、根据所听内容回答问题,以及根据所听内容涂色等。由于这种训练难度比较大,在听写起步阶段,教师可以选择一些基本词语和简单句型对学生进行听写训练,随着教学进程的推进,选择听写一些与课文难度相当的材料。

第二节 听力教学的主要策略

一、强化基础知识的教学

高中英语听力课堂教学应从基础知识教学入手,教师要对这一点做到心中有数,同时也应让学生对此有所认识,积极配合听力教学活动。虽然学生有一定的辨音能力,但长期以来,很多学生形成了音、形、义分离的词汇学习方法。在实际听力训练中,很多高中生都有这种体验:听到的句子很简单,而且听得很清楚,甚至在听的过程中就能把句子复述出来,但就是不明白句子是什么意思或要过一会儿才能反应过来。从一定程度上来说,这一现象的出现归咎于词汇的学习方法不当。为了使这种情况有所改观,教师要让学生充分认识到学习词汇必须重视其完整性,掌握音、形、义结合的词汇学习方法。

心理学研究表明,多种感觉器官的同时参与能加强对大脑的刺激,有利于记忆活动效率的提高。记单词也应该眼、耳、舌、手并用,即眼睛看着手里在写的字,嘴里念出其读音,心里想着该词所指的事物或概念,并尽可能地将概念与具体事物或行为相联系,在脑子里显示出视觉形象。这样,高中生记单词既快又牢,不仅能保持单词音、形、义的完整性,而且还能培养学生用英语思维的能力,为快速听音过程中准确理解所听内容奠定基础。

二、合理调控学生的心理因素

在高中英语听力课堂教学中,合理调控学生的心理因素主要表现为培养学生对听力学习的兴趣和意志力,适当调控学生在听力学习中的焦虑程度,提高学生对听力学习的认识,树立正确的听力学习目标。具体来说,教师可从以下几个方面着手。

第一,教师可教授学生一些相关的学习策略,让学生明白英语学习的规律,帮助学生制定下一个阶段的学习目标。

第二,教师要更新教学观念和方法,挑选恰当的语音材料和教材,密切联系现实生活中学生关心的问题,正确指导学生进行合理的听力学习。

第三,教师要培养学生短时记忆和速记的能力,引导学生树立正确的听音心态,培养学生良好的听音习惯。

第四,教师要正确评价学生的学习,多表扬学生的进步,及时发现学生的困难,为其解惑答疑,适当纠正错误,降低学生的焦虑程度。

以上这些做法能帮助高中生积极调控心理状态,建立最适宜的听力学习心态。

三、营造良好的课堂氛围

生动活泼、积极主动的课堂氛围具有较强的感染力,容易激发学生的学习兴趣,提高听力学习效果。因此,高中英语听力课堂教学中,教师要善于营造良好的课堂氛围,这就要求教师转变角色,做学生学习的启发者、鼓励者,以学生为中心,有效地组织生动活泼的课堂活动。教师还可利用多媒体将整合过的图书音像资料与学生的活动有机地结合起来,组织开展丰富多彩的听力教学活动。除此之外,教师还要多微笑、多表扬、多鼓励,保持亲和力。建立轻松、愉快的学习氛围,可减少语言输入的情感过滤,有效提升高中生听力学习的效果。

四、充分利用多媒体开展听力教学

多媒体计算机辅助高中英语听力课堂教学,使教学的互动性和学生学习的个别化成为可能。多媒体互动式的英语教学适合综合语言课的教学,它不仅具有传统课堂教学模式的优点,还能弥补传统教学模式的许多不足之处。多媒体具有直观性、立体性和动感性的特点,能将大量的知识信息传递给学生,并且不会使他们感到枯燥乏味。多媒体教学的主要目的是因材施教,开展个别化教学,对不同习惯、不同背景的学生采取不同的教学方法和策略。无论是学优生还是学困生都能提供相应的学习指导与帮助,使他们发挥特长,取得有效的学习效果。多媒体技术作为一种新的教学方式和辅助手段被引入英语听力教学,对听力教学的改革发挥了重要作用。

英语听力技能的提高、各种语言知识的获得与积累,无不依赖学生自身的参与和实践,并与其他语言技能的发展密切相关、相辅相成。通过多媒体能够实现以学生为中心的、双向交流的开放式教学模式,改变传统的以教师为中心,使高中生能够积极主动地参与英语听力课堂教学活动,有效发挥其自身能动性,提高听力学习兴趣,改进听力学习效果。①

五、注重听力微技能的教学

听力技能培养的过程是一个技能积累的过程,只有有一定的量变做基础,才能有质变的发生。就英语听力来说,理解有声语言的过程可能是一种猜测、预期、推断、想象等技能积极地相互作用的过程。学生的听力理解技能也必须由各种听力微技能组成,包括听前预测、猜测词义、抓听要点等。因此,在高中英语听力课堂教学的过程中,教师应注意加强学生听力微技能的训练,培养学生听力能力,提高学生听力水平。

(一)引导学生做好听前预测

预测是听力理解过程中的重要一环,教师在开展听力教学之前要教会学生做好听前预测,即教会学生在做每个小题之前,快速浏览题目及选项,捕捉信息,预测内容。学生通过预览题目和选项可以事先掌握一些人名、地点、数字之类的具体信息,预测要听到的句子、对话或短文的有关内

---

① 向德勤.高中英语听力教学中存在的主要问题及对策研究[D].贵阳:贵州师范大学,2019.

容。根据不同的内容,教师要采取不同的教学方法。例如:针对交际类的内容,英语教师要让学生先弄懂答句的意思,再预测可能要问的问句,根据答语找问句;针对阅读类的内容,让学生先根据问题预测短文涉及的内容,听前先找到听力的着重点,如人物、活动、时间、场所、数字等。

(二)教会学生猜测词义

在高中英语听力课堂教学的听力训练中,学生往往不能将每个单词都听得很清楚,很多时候要靠半听半猜来理解单词的意思。因此,在英语听力课堂教学过程中,当学生遇到一些听不清或听不懂的单词时,教师要教会学生根据上下文去猜词义的技巧。例如,句子中出现了一个单词 beggar,但是学生没听懂或没听清楚,在这种情况下,教师要鼓励学生不要气馁,引导学生继续听,而不要纠结于这一个单词而停滞不前。如果下文中出现了"he asked me for a meal and money",那么学生便可猜测到这个单词的意思是"乞丐"。

(三)引导学生抓听要点

在进行英语听力时,教师要提醒学生不能把注意力平均分配到每个单词上,而应该有所侧重,即要听主要内容和主题问题,捕捉主题句和关键词,避开无关紧要的内容。所以,教师在高中英语听力课堂教学中应该经常训练学生抓听要点的技巧。

(四)教会学生关注问题中的重要细节

在高中英语听力课堂教学的听力训练中,教师要引导学生对问题中的重要细节给予适当关注,因为有的时候仅仅从提问的方式就可以判断出正确的选项。这些问题中的细节往往与五个 W(when、where、why、who、what)有关,抓住了它们,就抓住了英语听力的关键要素,就能准确理解听力的内容。

(五)引导学生边听边做笔记

在听力材料较长、干扰项较多的情况下,仅凭大脑的短时记忆是不够的,还需要学会边听边做笔记。所以,教师在对学生进行听力训练时,要引导学生边听边做笔记的好习惯。笔记不可能也没有必要记得很完整，因此，教师要教会学生使用一些通用的符号或缩写把与题干有紧密联系的信息记下来，如时间、地点、数量、价码等关键信息。当然，学生也可以建立自己的符号和缩写体系。

(六)鼓励学生听英语新闻

高中英语听力课堂的时间往往是有限的，只依赖课堂教学提高学生的听力水平是远远不够的，教师还应该鼓励学生在课下多听英语新闻。听英语新闻不仅可以锻炼学生的英语听力能力，还有利于学生了解国内外大事，拓宽视野。学生听英语新闻时，不需要准确地把握一切听到的信息，只需要关注自身感兴趣的东西即可。此外，学生在课下听英语新闻时，心理上是轻松愉快的，没有任何压力和包袱，这样比课堂上带着任务听的效果要好。

第四章　高中英语口语教学

第一节　口语教学的模式与原则

一、高中口语课堂教学的模式

(一)一般模式

一般模式通常包括四个阶段,即背景铺垫(学生听)、布置任务(教师说)、执行任务(学生说)、检查结果(教师说)四个阶段。下面将具体阐述各个阶段的任务和意义。

第一阶段是背景铺垫,也就是引导阶段,这个阶段可以采取不同的形式,可以让高中生阅读资料或观看实物与画面等。听力材料的选择没有统一的要求,可以是教师朗读文章或讲述故事,也可以是听录音资料或影像资料。事实上,无论高中生听的形式怎样,也无论听到的内容是什么,其目的都是为高中生将要执行的任务创造情境、提供背景信息。

第二阶段即教师布置任务阶段,此阶段的目的是为高中生的"说"确立目标、制定方案、组织活动。这一阶段的过程虽然很短暂,却是为第三阶段服务的,为第三阶段能够顺利进行奠定基础。

第三阶段就是执行任务,也即高中生"说"的阶段,是整个高中口语课堂教学的重点。在这一阶段,教师要尽可能地保持沉默,不要干预学生说话,不要占用他们的时间。让高中生进行口语练习,重要的是让他们开口说话,而不是评价他们说对了几句英语。另外,教师要合理控制好这个阶段的活动时间,最佳的活动时间大约占整个活动时间的 80%。

第四阶段主要是教师检查任务的完成情况,其主要目的是对高中生的口语活动进行及时的总结,指出活动的不足,提出必要的建议等。

(二)3P模式

除了高中口语课堂教学的一般模式以外,有些学者也提出了"3P"模式,即Presentation(演示)—Practice(练习)—Production(生产)。关于这种模式的操作步骤以及优缺点,具体描述如下:

在演示阶段,教师把新的语言项目通过解释、示范、举例、角色扮演等方式向学生介绍,包括语法、句法、会话技巧、功能等,使新内容在有意义的语境中进行,而不是脱离上下文孤立地呈现句子或语法规则。在呈现过程中,教师要集中学生的注意力,并检查他们是否听懂、理解新的语言点。在这一阶段,教师还要确定课堂的教学目标和教学内容。

在练习阶段,教师为高中生提供各种机会,让高中生采取句型操练等多种形式展示内容,练习的程度也是由易到难、逐步加深的。教师对活动的引导由控制到半控制,逐步增强学生的自主性。这种有控制的操练的目的是训练学生使用语言的准确度。

在生产阶段,教师给学生提供机会将其新学到的语言知识和交际技能融入已有的知识之中进行综合使用,以达到高中生可以在自己语言能力范围内自由地运用语言进行交际的目的。这一阶段可以增强高中生的成就感,使其对口语学习产生浓厚的兴趣。

该教学模式以强化语言知识与技能、提高语用能力、注重语言的准确性和流利性为目标,引导高中生积极参与、合作探究。这一教学模式的三阶段教学程序清楚、明确,并且各阶段也都有其中心目标,在注重准确性的同时把流利性放到了重要位置。这种教学模式在具体教学中,以其实用性、实效性及可操作性,赢得了广大英语教师的青睐。然而,对于3P模式也有持否定态度的,他们对于三个阶段之间存在的内在逻辑性,以及准确性向流利性过渡的可靠性持怀疑态度,认为该模式过度强调准确,大大限制了学习者广泛接触目的语的机会,并且缺乏有意义的语言运用,没有实现真正意义上的交际。①

(三)任务型教学模式

任务型教学模式大致分为四个步骤:呈现任务—实施任务—汇报任务—评价任务。

1. 呈现任务

教师在呈现任务时,应结合高中生的生活或学习经验,创设有主题的情境,以此激发他们的好奇心和学习动机。在这一阶段,教师把与话题有关的环境及思维的方向提供给高中生,并把所要学习的新知识与学习者已有的知识结构建立某种联系,使高中生有想说的强烈欲望,满怀兴奋和期待地开始新课的学习。在这一环节中,教师需要遵循先输入、后输出的原则,也就是说,在高中生激活了完成任务所必需的语言知识和语言技能后再导入任务,这也是为下一个环节奠定基础。

2. 实施任务

高中生在接受任务后,可以采取结对子或小组自由组合的形式,也可以由教师设计许多小任务构成任务链等来开始实施任务。这种结对子和小组活动的形式可以让所有的高中生都有练习口语的机会,并且在与同伴的交流中可以刺激学生认知的发展,培养学生互助合作的精神。另外,为了鼓励学生,教师也可以参与学生的小组活动,成为小组中的一员。教师在这一环节中需要及时地监督、指导,了解高中生掌握新知识的程度,并根据具体的情况,随时调整教学策略,以保证任务完成的质量。

3. 汇报任务

各小组在讨论后会派出代表向全班报告任务完成情况,教师可以指定代表或者由小组成员推选。教师指定代表,可以激发该高中生的学习兴趣,如果由小组推选,可以增强被选举高中生的自信心,两种方式各有优点。在学生汇报任务时,教师应该给予一定的指导和适当的帮助,力求学生汇报得准确、自然。

---

① 王红予.高中英语口语教学的有效性探究[J].科技视界,2017(34):73.

4.评价任务

在各小组汇报任务完毕后,教师应该和全班一起评价任务,指出各组的优点和不足,并评出最佳小组,让高中生在完成任务之后,品尝到成功的喜悦。在评价过程中,教师可以引导学生如何正确、理智地评价自己和他人,对于完成情况好的小组给予精神鼓励或奖励。在这一环节中,教师要及时把握评价的促进作用,充分调动学生的积极性,增强小组的竞争意识,以促进高中生不断进步。

任务型口语课堂教学模式以学生为中心,以小组合作学习为主要学习形式,以学生完成任务为目标,充分调动了学生学习英语的积极性。在任务型口语课堂教学模式中,教师通过创设情景,尽量设计真实的任务,让学生通过实践参与、体验、合作、交流等学习方式来锻炼口语,激发学生参与的热情,培养学生用英语进行交际的能力。高中生在有效的动机驱使下,由原来被动、消极的心理转化为主动、积极的实践,特别是在完成任务后得到的成就感,更让学生对下次的任务充满期待。另外,教师从学生"学"的角度设计教学活动,使得学生无论在哪一个环节,大脑都始终处于一种激活状态,并且这种教学模式让学生获得的不仅是语言知识点,还获得了运用语言的能力。随着学习任务的不断深化及学生自身语言能力的不断提高,学生愈发能够创造性地表达自己的思想。

(四)Let's 教学模式

该模式主要由四大基本步骤组成,即 Leading(激活旧知,有效导入)—Exploring(创设情境,探索新知)—Trumpeting(聚焦难点,处理加工)—Sharing(深入探究,交流发现)。

1.激活旧知,有效导入

新课导入将高中生的心理活动引入一个新的知识情境,让高中生对所要学习的知识产生认识上的需要。在课堂教学中,运用科学的导入方法可以迅速吸引学生的注意力,激发学生的学习兴趣,调动起学生的求知欲望,使他们积极主动地去探索、去猎取,从而提高英语课堂教学的效果。新课导入一般采用的方法有直观导入法、话题导入法、复习导入法、游戏导入法、歌曲导入法等。

  2. 创设情境，探索新知

  著名的教育学家杜威说："为激发学生的思维，必须有一个实际的情景作为思维的开始阶段。"在这一步骤中，教师主要与高中生一起探索和发现新知。教师主要运用文本材料，如听力部分与对话部分，把两大块教学内容整合在一起，用一条线把它串起来，这条线可以是某个话题、某个场景，也可以是某个人物、某个地点。在这一步骤中，最重要的是如何设计形式多样的活动，让学生真正动起来。那么，如何训练学生的听和说的能力，启动他们的耳朵和嘴巴呢？在设计活动过程中，要遵循三个原则：联系学生实际且注重时效性原则、结合学生生活且体现真实性原则、助力学生实践且强调交际性原则。

  3. 聚焦难点，处理加工

  该环节是指抓住本课的重点、难点内容，把输入的有效信息进行个性化处理、加工。在兵法上，地有所不争，城有所不取，不争、不取正是为了取得更大的胜利。教学上也是如此，必须把握主次、轻重、详略、缓急。而突出重点、突破难点正是优化课堂教学、提高课堂教学效率的一个重要原则。教师组织课堂教学一定要注重方法的实用性、巧妙性。良好的方法能使高中生尽快有效地理解、掌握所学的知识，让其更好地发挥运用天赋的才能。教学中主要可以尝试的方法有列表对比法、练习归纳法、游戏活动法、多媒体辅助法等。

  4. 深入探究，交流发现

  课程标准要求英语教学为高中生的全面发展和终身发展奠定基础，要求教师为高中生提供自主学习和相互交流的空间，鼓励高中生通过体验实践、讨论、合作、探究等方式，发展综合语言能力；创造条件，让高中生能够探究他们自己感兴趣的问题并自主解决问题。想要为高中生提供自主学习和相互交流的空间，教师就要在英语课堂教学中设计相应的拓展和延伸活动，且这些活动的设计要以高中生的生活经验和兴趣为出发点，以本课所学知识为立足点，选择尽量真实的内容，采用尽量真实的方式，这样才有利于高中生学习英语知识、发展语言技能、提高其实际语言运用能力。高中英语教师常用的英语课堂教学拓展与延伸的形式和途径主要有列举、调查、采访、讨论、表演、辩论、课外活动等。

二、高中口语课堂教学的原则

(一)以学生为中心原则

高中口语课堂教学事实上是由教师的教和高中生的学共同完成的,教师是教学活动中的计划者和组织者,是教学过程中的示范者、引导者,学生才是课堂活动的中心。口语教师相当于导演的角色,学生才是演员,因而要让学生从开始到结束都积极主动地参与其中。例如,在分配任务时,不是让学生被动地等待教师的指派,而是教师为学生创设情境,通过一系列多样化的有趣活动来充分调动高中生的积极性和主动性,让高中生以自荐、推荐、抽签等方法将任务"抢到手"。

(二)营造轻松和谐的课堂氛围原则

要保证高中生能够在现有水平的基础上顺利地表达自己的思想,首先需要教师消除学生的不良情绪,如紧张、恐惧、焦虑等。大多数高中生都有使用英语表达思想的内在动机,但是很多学生又不愿意参与到能够提高他们口语能力的活动中去,其主要原因如下:

1. 对于大多数学生来说,刚开始讲英语经常会感到不自在。

2. 多数学生都不愿意在同伴面前出错、当众出丑,害怕失败和被他人嘲笑。

因此,在英语教学中教师要为学生创造一种轻松和谐的课堂气氛,鼓励他们大胆地说并且要多说,使高中生在说的过程中有安全感和成就感。

(三)强调流利,注意准确原则

准确与流利在外语教学中的争议由来已久,从外语教学方法流派的演变历史来看,总的趋势是从强调准确向强调流利发展。20世纪70年代以前的教学法流派,包括语法翻译法、听说法等,强调语言的准确性,这之后的教学法流派,如交际法、全身反应法、任务法等,开始对流利性有所关注。产生这一趋势的根本原因在于,由于现代社会的交通工具空前发达、便利,经济及社会文化等的全球化趋势,社会对外语口语人才的需求急剧增加,从而使外语教学的重心从书面语向口头语发生了不同程度的转移。通常来讲,书面语对准确的依赖性更大,而对流利的依赖性却很小。就目前我国英语教学的现状来看,片面强调准确或片面强调流利都是不可取的,高中英语口语课堂教学首先要强调流利,同时注意准确;而在书面语教学中,高中英语教师首先应该强调准确,同时注意流利;但是,就我国英语教学总体而言,则应该强调准确和流利的平衡发展。

(四)先听后说原则

听是说的基础,在交际活动中听与说是相辅相成的两个方面。学生通过"听"获得知识信息,接触到大量的英语词汇,进而激发表达思想的强烈愿望。当积累了大量的语言储备时,才会有真正意义上的口语会话,这也是大量听的必然结果。可见,在听懂的基础上进行模仿,既能够加快反应,又能够提高说的能力。教师要遵循这一原则,可以在组织学生复述故事之前让他们对情节有一定的了解,然后再抓住故事的大意,记细节,让学生相互提问、交换意见,最后达到复述故事的目标。

(五)多使用英语原则

要提高高中生的口语能力,需要进行大量的口语实践。因此,高中英语教师在教学中要想方设法,尽可能多地为学生提供说英语的机会。想要做到这一点,教师首先要给学生做出榜样,在课上课下多说英语。另外,教师的设计一定要适合学生的语言水平,尽量将学生喜闻乐见的内容渗透到活动中,给他们提供口语练习的机会。

当然,为了给高中生尽可能多的练习机会,教师一定要注意集体练习与个别练习的结合。集体练习有全班练习、分行练习、分排练习、男生练习、女生练习等形式。集体练习的优点是可以增加练习的人次,胆小、害羞的学生也能够积极参加练习;不足之处在于,在集体练习中有的学生往往会随声附和,不动脑筋,而且由于在声音上要互相照顾,需要说得整齐划一,因此语调有时会不够自然。另外,在集体练习中,教师不容易发现学生讲英语时出现的问题。个别练习包括按座次快速进行提问或回答等;由学生举手,教师选定;直接由教师指定进行。个别练习可以有效地避免上述缺点,但是在个别练习中,学生练习的机会较少,参与的人次少,不能做到大量练习。而且,个别练习很容易导致教师与个别学生之间的互动,其他的学生则容易处于消极的、漠不关心的状态,因而大幅降低了练习的效果。因此,在口语训练中要注意发挥集体活动和个别活动的长处,将二者有机结合起来,以集体练习增加练习的人次,以个别练习检查促进集体学习的效果。在个别练习中,对于同一个问题教师可以问多个学生,而且可以对提问过的学生进行第二遍提问,使每个学生都觉得随时有被问到的可能。这样教师在提问个别学生时,其他学生都会抓紧时间准备自己的答案,避免了课堂上的松懈走神。有时,为了使个别练习进行得快一些,教师可以按照一定的座位顺序,由左到右或由前到后,依次进行。

(六)循序渐进原则

任何知识的学习都要经历一个过程,英语口语也一样,它的训练也需要一个过程,这一过程需要由浅入深,由易到难,由机械模仿到自由运用,循序渐进地展开。例如,进行发音练习时,教师要时刻关注学生的发音困难及来自不同地区学生的语音差异,及时引导学生,鼓励学生勇敢地说英语,并对语音、语调和语法的正确性有一定的要求,然后逐步增加难度。需要注意的是,目标的设定一定要适当,目标太高很容易使学生产生抵触心理,从而失去学习的兴趣;而目标太低也会使学生达不到训练的效果。

(七)科学纠错原则

语言学习的过程中出现错误是不可避免的,在口语学习中更是如此。教师的任务是为高中生提供连续、完整的交流空间,热情鼓励高中生树立信心,大胆去实践,不怕犯错误,达到口语练习的最大实践量。口语教师的职责在于培养高中生对语言的敏感性和对自己、他人说话中语言错误的识别能力。在口语练习中,高中生不可避免地会出现各种各样的错误,有的教师会匆忙打断高中生的思维和交流去给他们纠错,这种方法实不足取,因为这样做不仅会破坏学生的思路,还会打击高中生的信心,增加其恐惧心理,导致其因害怕出错而丧失说话的勇气。一般是在学生发言之后,教师再给予及时的纠正,然而即便是这样,也要讲究策略,教师要对不同的学生犯的不同的错误进行区别对待,根据不同场合及不同性质的错误分别进行处理。在操练语言的场合,可多纠错,但在运用语言交际时,则要少纠错;对学得较好、自信心较强的学生当众纠错会给其心理上的满足和激励,对于学习困难较大、自信心较弱的学生,要尽量避免当众纠错,防止加重其自卑感。

纠错是一个很敏感的话题,处理是否得当直接影响到教学效果和学生的学习积极性,我们既不提倡对错误一定不要放过、有错必纠,也不提倡采取宽容的态度,认为错误是完全自然的现象,从而对其放任自流、不予纠正,结果导致语言的僵化。因此,在高中口语课堂教学中,纠正的最佳方法是先表扬后纠正,并注意保护高中生的自信心并给他们自我纠正的机会。

(八)内外兼顾原则

所谓内外兼顾,是指既要注重课堂,又要兼顾课外。课外活动是课堂教学的继续和延伸,与课堂教学息息相关,因而教师不仅要注重课堂教学,还应该注重课外活动。课外活动是课堂教学的补充,有利于高中生复习、巩固与提高所学的知识,教师应为高中生提供各种语言环境,创造用英语进行交际的条件,指导高中生在不同场合运用所学语言材料进行正确、恰当、流利的口语操练,如组织英语角、竞赛,或者根据自由组合原则编出课外活动小组,安排小组活动等。另外,在课外作业上,教师可以将学生组成学习小组,培养学生说英语的兴趣,利用一切可能的机会巩固和提高高中生的口语能力。

(九)小组互动原则

语言使用能力是在互动中发展起来的,离开互动则学不会说话,儿童是这样,成人也是如此,互动中潜藏着语言习得的机理。小组、对子活动可以为高中生提供更多独立说话的机会和时间,使他们克服开口说话的焦虑感。通过双人小组或多人小组活动可以提高学习者的动机,还能提升他们选择的能力,培养他们的独立性、创造性及现实感。另外,通过小组活动,学生还能够获得来自同伴的反馈。组织小组活动要注意几个问题:①将任务布置清楚,通过各种形式让学生清楚任务要求;②限定完成任务的时间;③给出明确指导,告诉学生活动结束后预期的结果。

第二节　口语教学的主要策略

英语口语就是人们以口头方式,用英语向他人表达意义和交流情感的一个语言活用技能。口语的特性使人们一般不会有足够的时间准备,也很难事先计划好所要讲的内容,因而无法使用精确的语法和词汇(正式演讲除外)。

英语口语技能包含六项内容:语法、词汇、功能、关联的说话方式、恰当性、体态语言和互动(即核实或者确认意义)。口语是以言语而非书面语的方式传递思想、语言意义和情感,从而达到说者与听者之间沟通的交际目的。

如何用英语清楚表达自己的需求以及与他人进行有效沟通,如在日常生活中,如何用英语进行日常交谈、打招呼、表示歉意、提出请求、表达感谢、回答问题等,都涉及英语语音语调、用语选择、体态语等与英语口语有关的内容。为了指导高中生掌握基本的英语口头交际能力,教师需要在高中口语课堂教学策略,尤其是把握高中英语口语的特点、努力提高高中生英语口头交际效果等方面多下功夫。

一、影响高中口语课堂教学的因素

在高中口语课堂教学过程中,教师可以根据不同的教学原则,采用不同的教学模式来达到有效高中口语课堂教学的目的。然而,影响高中口语课堂教学效果的因素有很多。

(一)教师自身的素质

高中口语课堂教学对教师自身的素质要求很高,尤其是发音,因为准确的发音是语言交际的基础。如果教师的发音不准确,那么高中生也不可能学到正确的英语发音。另外,教师在提高发音的同时,还要增大自己的词汇量,这样在具体的教学中,才可以进行相应的拓展和延伸,以此增加高中生的词汇量。

(二)准确与流利的平衡

教师在高中口语课堂教学中要树立高中生注重准确性与流利性平衡的意识,因为准确与流利是交际语言教学的重要目标,偏废任何一方,都不能说是完成了高中口语课堂教学的目标。教师在口语课堂上可以经常播放纯正的英语录音并进行引导,使高中生认识到只有准确、流利地表达,才是真正学好了口语。

(三)课堂气氛的营造

课堂氛围在很大程度上影响高中生用外语进行表达的积极性。教师要鼓励学生敢于表达、不怕犯错,并在改正错误的过程中得到提高。这种轻松自由的课堂气氛有助于学生的参与,使其能畅所欲言。

(四)教学观念的影响

传统的英语教学习惯把重点放在讲解语法上,采用阅读、背诵、默写的方式,教师担心口语方面花的时间多了,可能会影响笔试成绩。于是,就把教材中安排的大量口语活动置之不理,结果造成"结巴"英语现象。这种现象不利于英语人才的培养,不利于英语教学,不利于高中生今后的发展。

(五)过度的纠错

在高中口语课堂教学过程中,教师应视高中生具体语言错误的严重性来决定是否纠错。在不影响意思表达的情况下,可以稍后纠错,因为教师的干预会中断高中生的思维。过多的纠错有伤学生的自尊,学生学说英语应以意思表达为主,兼顾语言形式的正确性。

二、高中英语口语课堂教学的策略

我国现今各类英语课本里,通常在每个单元设置1~2项口语练习,最为常见的有:①根据语言材料如对话、短文、故事、信件,要求学生分组讨论、口头回答或者表达意见;②根据材料内容,布置学生进行相关的语音和语调练习。

无疑,高中口语课堂教学技巧的选择和使用不仅仅是一个操作、实践层面的问题,它还涉及教师对英语口语课堂教学观念的认识。针对"英语口语课堂教学技巧"这个分解细目,不少教师会提出实际存在的一些容易被忽略、把握不当、不易处理的难题。例如:①根据课本提供的口语材料,怎样分析该材料的各种语言特征(语篇、语法、词汇)?②根据课本提供的教学指令要求,怎样判断具体的高中口语课堂教学目标?③根据所教学生的学习水平,怎样预测学生口语学习难度并给予策略指导?④根据目标、语言材料、学生水平,怎样设计相关教学活动?

以上四点要恰当做到,确实需要相当一段时间的摸索和实践,尤其要从英语教学观念的调整、英语知识结构的充实和教学行为的更新方面着手。

(一)点拨口语语言材料特征

英语口语语言材料的特征包括三方面内容:语境、体裁及篇章结构和其他语音语调特征。教师有必要为口语材料提供相关的语境,包含话语范围、话语方式和话语基调。话语范围指谈话的题材(严肃或普通);话语方式指交际的渠道(正式或非正式);话语基调指说话者之间的社会关系(上下级、亲疏等)。讲解这些语境的内容,有助于高中生对口语材料内容的理解。

教师在选择口语材料时,可考虑以下几点:

1. 不论高中生英语学习水平如何,高中口语课堂教学材料要注意各种题材和体裁的结合,目的是让高中生学习口语理解和表达的策略知识,增加语感,提高思维推理能力、人文素养、文化交流能力。

2.在课本语言材料基础上,增补课外真实语言材料,所选话题对特定年龄段的高中生要有吸引力。

3.注意各种不同体裁如广告、新闻报道、诗歌朗诵、话剧、故事、歌曲、演讲、电话交谈等有机结合。

4.注意选用不同国家英语口音、男女性别、社会角色、社交情景、各类话题(严肃和轻松)、正式或者非正式场合等的口语录音和文字材料,有目的、有步骤地将其增补为高中口语课堂教学的补充材料。

(二)确定具体高中口语课堂教学目标

在日常高中口语课堂教学中,教师往往根据教材里有关口语课堂教学的材料内容,在教案中写上高中口语课堂教学目标是培养口语能力。这无疑是一个比较宽泛的目标,还需要进一步细化为若干个口语微技能目标。在课程知识和教学法知识结构里,口语技能被分解成若干个微技能或称为基本技能,便于教师对照细项目标实施,逐步了解自己的教学达成度。因此,教师按照课本的口语课堂教学指令或者口语材料的要求,组织高中生进行相关口语练习之前,需要细心判断该口语题目或者口语材料适合围绕哪几个口语微技能展开,其相应的口语策略有哪些需要点拨学生,这样教师不仅自己明白,而且也能使学生清楚该节课即将训练的口语课堂教学目标的名称,这些都对口语课堂教学过程起着清晰的定向作用。

(三)预测高中生口语学习难度

高中生口语学习的难度体现在两个方面:一是学生心理表现多样化。在同一个班里,不同学习水平的学生对练习口语所感到的难度会有所不同,有的不知为何说,有的不知说什么,也有的不知如何说;有的担心自己的语音语调被人笑话,有的害怕讲错语法词汇难为情。这些说明口语练习和学生的心理有密切联系。二是对口语策略的把握和练习。有的同学不知如何使用说的策略,如利用手势体态语辅助表达,有的面对其他同学缺乏真情实感的交流。这些都需要教师反复提醒相关语境,讲解相关口语策略知识,通过控制性和非控制性的练习,逐步形成语言习惯。

因此，想要准确预测高中生口语学习的难度，教师务必要从高中生的角度出发，根据不同语境、不同话题、不同口语训练目标、不同语言特征等，结合学生前期所学内容、当前的学习水平，综合预测学生练习说的难度。例如，可以结合东西方文化传统、思维习惯、生活表达方式的差异，事先有针对性地预测不同学习风格的学生(外向或者内向、依赖性或者独立性强)在学习过程中，将会遇到的心理、情感、认知、文化背景方面的不同困难。

(四)设计口语训练活动

从外语教学的角度看，教师应该让高中生知道，会话过程看似随意和非计划性，其实是遵循一个深入和有组织的模式的，教师应该结合课本内外的口语材料勾勒出这些口语策略知识，让学生在练习口语之前，明确知道一般会话都会沿着"开始—维持—结束"的基本框架进行，其中根据说话者的不同意图，穿插其他会话策略，如前面提过的把握发言主动、插话、转移话题、预示结束等。因此，学生练习的口语要运用不同的口语词块、固定句型进行表达，并以此来实现会话中所涉及的各种策略。

第五章 高中英语视听说教学中学生人文素养培育创新

　　语言与文化的内在联系决定了通过英语学科教学提升学生人文素养的现实可能性。对于高中教师而言,要实现提升学生人文素养的英语课堂教学改革,既要对英语教学中人文素养培育的基本思路形成理性认识,认清英语教学过程中强化文化知识背景的理解、加大对教材素材的挖掘、促进师生关系的融合,以及改善教学评价等工作的重要性,又要立足于教学实践。

第一节 英语教学中学生人文素养培育的思路

　　英语教学中培养学生的人文素养既有学科本身改革与发展的必然性,也有实现教育教学育人价值的必要性。语言教学的一个重要任务就是培养学生自强拼搏、乐观向上、积极进取、求真向善的世界观、人生观和价值观。英语是一门兼具工具性和人文性的学科,教师可以借助这一语言的传递去启发学生从生态平衡、环境保护、能源与交通等诸多方面联系自身实际,去思考探讨,并通过大量相关篇章材料的学习,于潜移默化中升华思想,形成健康积极的人格品质,发展与人沟通和合作的能力,并增强跨文化理解和交流的能力。这些实际上都指向了学生人文素养的提升。

　　英语教学中的人文素养是指人通过英语学习所形成的气质和修养,如审美情趣、知识视野、情感态度、思想观念等。人文素养的培育有利于促进学生英语知识的掌握及能力的提高。通过对学生人文素养的培育,让学生明确竞争中合作的重要性,对于新课程所提倡的合作学习非常有益。另外,人文素养对学生的学习态度、学习动力、学习绩效都有很大的影响,可以使学生在陌生的语言中找到自己熟悉、感兴趣的内容,激发他们学习英语和文化的兴趣,从而促进英语教学。

高中生正处于从少年向成年转化的特殊时期,也是人生观初步形成的重要时期。在高中英语教学中进行人文素养教育是符合社会发展要求、顺应现代教育发展趋势、遵循英语教育的本质目标,也是履行课程改革的基本理念、适应高中生心理发展的需要。因此,对于高中生而言,培养他们形成正确的人生观、形成良好的人文素养有着更重要和特殊的意义。

在高中英语教学中促进学生人文素养的提高,需要从两个层面入手:一是理性的探讨,即根据人文素养养成的规律和高中英语学科教学的特征,对通过英语学科教学培养学生人文素养的基本操作思路和理念进行明确;二是实践的改革,即通过英语学科教学的常用方式,如词汇教学、听说教学、读写教学等,探索真实教学环境下提升学生人文素养的具体教学方式。

高中阶段英语学习的过程,是学生磨炼意志、陶冶情操、拓宽视野、丰富生活经历、开发思维能力、发展个性和提高人文素养的过程,要真正实现这种人文素养的提升,在开展高中英语学科教学的过程中应遵循以下基本思路。

一、强化对文化知识背景的理解

很多版本的教材都会涉及中外的历史、地理、风土人情、传统习俗、生活方式、文学艺术和价值观念等。所以,英语学习过程中要推动学生了解英语国家的文化和社会的行为规范,了解英语国家的文化与本民族文化的差异,同时宣传中国文化,并把所导入的中外文化内容和学生所学的语言内容密切联系起来。对中外文化的学习和比较,不仅有助于学生学习英语、积累文化知识、培养跨文化意识、形成跨文化交际能力,而且能使学生更深刻地认识到文化的异同,提升对中外文化异同的敏感性和鉴别能力，培养学生建立在对本国文化深刻理解与认识基础上的爱国主义精神，树立正确的人生观和世界观，从而具备良好的思想品德修养和人格修养，提高文化素养。

二、加强教学素材挖掘

英语教师在开展传授英语知识、培养英语运用能力的教学活动的同时，要自然地渗透人文性、思想性的教育，从而完成对学生进行思想品德教育的重大任务。教材是师生接触最多，也是最能被充分利用的素材。教师必须根据教材特点和学生实际，挖掘教材中的可借鉴之处，并融合在教学之中，而非不着边际或凭空想象，防止德育空泛化。

三、促进师生关系融洽

课堂教学是培育人文素养教育的主渠道。建立新型的师生关系，创设充分民主的课堂教学模式，使人文素养教育的时空得到拓展，教师起着主导作用。因此，每一位英语教师要从"师道尊严"的权威中解脱出来，俯下身子，去聆听孩子们的心声，从英语教学的指挥者转变为参与者，做学生的合作者。

例如，在日常生活的交往中，教师既要做师长，又要做朋友，要对学生给予关爱、信任与尊重，要善于倾听学生的意见，要敢于接受学生的批评。在人格上，师生应完全平等。在课堂教学中，教师的职责除了传递知识，越来越多的是激励学生思考；教师将越来越成为一个顾问，一位交换意见的参加者，一位帮助发现矛盾论点而不是拿出现成真理的人。另外，教师还要努力营造一个平等、信任、理解、尊重与和谐的人文课堂环境。在课堂上，教师应减少对学生行为和思维的限制，让他们有自我表现的机会；不要轻易对学生不合常理的见解进行批评和挑剔，要理解学生身上存在的暂时不足，包容学生一时的错误。大多数学生会有害怕答错被同学甚至教师取笑的心理，所以他们不愿意说，另外，教学进度的限制及保证教师权威的考虑，往往使教师更愿意采取填鸭式的"一言堂"。而新课改的核心是要挖掘、发挥和发展学生的主动性、积极性和创造性,所以,师生之间应该展开直接的、面对面的交流与对话,只有这样学生才能获得真情实感的、鲜活的知识,并获得人格的提升和健全。

从师生关系的角度构建有助于学生人文素养培育的英语教学,还有一个重要的思路,那就是通过教师的人格去影响和塑造学生的人格。教师的人格魅力对学生具有深刻的影响,这种影响甚至是终身的。在教育工作中,一切都应以教育者的人格为依据,任何章程和纲领、任何人为的管理机构,无论他们设想得多么精巧,都不能代替人格在教育中的作用。没有教师给学生以个人的直接影响,深入学生品格中的真正教育是不可能的。教师的人格魅力包括教师良好的性格特征、和谐的人际关系和较强的协调能力、有力的自我调控能力和不断创新开拓的实践能力,以及与时俱进的学习能力,还包括教师在教育教学工作中、在日常生活中、在与学生的接触中,有意无意地流露出来的知识能力、道德修养、气质、仪表、风度和行为。这些都构成了教师的人格魅力。一个具有人格魅力的教师会赢得学生的尊重和爱戴,促进学生良好人格的形成。所以,教师在教学和教育的过程中要注意用人格魅力去感召学生。

四、完善教学评价方式

评价是英语课程的重要有机组成部分,也是实现课程目标的重要保障。[1]评价理念落后是制约英语课程改革与发展的一个重要的问题。传统的评价存在的问题主要反映在评价目标过度强调学科知识体系,重结果、重成绩,从而忽视了人文性。因此,新课程标准提倡人文性的评价理念。首先要意识到评价不等于考试,考试只是评价的手段之一。完整的评价体系还包括对学生的阶段成绩和发展状态的评价,特别是对学生日常学习过程中的表现、所取得的成绩,以及所反映出的情感、态度、策略等方面的发展做出评价,突出自评和互评的作用,增强学生的信心,培养其

---

[1] 刘虹.新课程与中小学英语课堂教学[M].大连:辽宁师范大学出版社,2015.

自主学习的能力。

在小组合作学习时,评价需关注学生个体差异,使认真参与合作学习活动的学生普遍获得成功的体验。既要着眼对整个小组的评价,又要注意到个人在合作活动中能承担的角色、发挥的具体作用及进步的幅度,适时地对表现突出的个人进行表扬,这样可以减少个体的失落感。尤其对英语学习较差、自信心不足的学生,对其取得的微小进步也要赞扬,让他们时刻感受到成功的快乐。

综上所述,评语所蕴含的情感意义会直接影响学生的学习情绪。情绪对人的学习行为的影响是巨大的,具有双重作用,既能促进、增强学生的学习动力,也能削弱、降低学生的学习动力。另外,即使是借用考试的手段来进行评价,也可以在其中加入积极元素,间接地培育学生的人文素养。总之,英语教学中人文素养的培育,不仅包括语言知识,还包括人际关系因素、人的情感因素,以及学习者个体特点等。英语教学理应避免过强的工具性,可纳入更多人文学科的教学模式,多鼓励学生学习中情感的个体表白,多添加体现价值观的自主评价,既要教会学生求知,更要教会学生做人。

第二节 英语词汇教学与学生人文素养培育的融合

词汇是语言系统的重要支柱,在语言中占据极其重要的地位。词汇能力是听、说、读、写、译五项能力的根本保证,因此,词汇教学一直是英语教学领域关注的焦点。但是,以往对于词汇教学的研究与实践,主要强调的是词汇的实用价值,研究往往局限在词汇教学策略的单一领域。实际上,语言受地域、文化、社会变迁,以及自身变化等多种因素影响,作为语言赖以生存的要素,词汇是一个十分纷繁复杂的体系,因此,在词汇教学的过程中,有必要深入挖掘语言中所负载的人类精神生活和世界观。

一、英语分类词汇与学生人文素养培育

词汇有不同的类型,词汇类型的划分本身就蕴含一定的文化因素。

仅就颜色而言,英语词汇便有着丰富的文化内涵和延伸意义。具体如下:

Red,很多时候单纯表示红色,有 red wine(红酒)、red carpet(红地毯)等,但也有与颜色不对应的表述,如:be in the red(赤字、亏空)、a red letter day(日历上用红字标明的值得记住的重要日子)等。

White,除了表示白色,在英语文化背景中,有 white coffee(牛奶咖啡),有 a white lie(善意的谎言)、white elephant(昂贵而无用之物)等表述。

Blue,除了表示蓝色,很多时候用来表示心情,如:I'm feeling rather blue today.(我今天感觉很沮丧)还有非常经典的欧式传统婚礼中的新娘必需品:something old, something new, something borrowed, something blue, and a silver sixpence in her shoe.(一个老的东西,一个新的东西,一个借来的东西,一个蓝色的东西,外加一个6便士放在她的鞋底)根据他们的文化传统,这些东西都会给新娘带来好运,如果在婚礼的时候带着所有的这些,那婚姻就会非常幸福。

Green,除了表示绿色、新鲜,在英语中可以表示"嫉妒、眼红",如 green-eyed monster。中文中表示"嫉妒"可以说"眼红",但在英语中不能直译成 red-eyed。又如,由于美元纸币是绿色的,所以 green 在美国也指代"钱财、钞票、有经济实力"等意义,green power 就是指财团。另外,green 在英语中还指"没有经验、缺乏训练",如 a green hand 就是指"一名新手"。

Black,除了表示黑色,如 black coffee(不加牛奶或奶油的咖啡),还可以指黑皮肤的人种,如 a black hero(黑人英雄);可以指"苦中作乐",如 black humor(黑色幽默)、black comedy(黑色喜剧)等。

Yellow,除了表示黄色,可以专指由黄色纸张印刷的专用书刊,如 Yellow Pages(黄页电话号码簿)。

二、英语舶来词与学生人文素养培育

在英语教学中,说到舶来词,可以分两类:一类是指英语本身,因贸易、科技等原因,有着不少来自拉丁语、法语、希腊语、阿拉伯语等语言的词汇;另一类是指汉语从英语中"舶来"的词汇。这两类舶来词,都会为语言学习者带来充分的文化滋养。从舶来词可以看出一个民族在国际上输出的东西、留下的声誉。

(一)英语与拉丁语

英语虽然是日耳曼语族中的一个语支,但由于不列颠这个岛国历史上受罗马帝国长达 400 年的统治和占领,以及随即兴起的文艺复兴运动的影响,拉丁语直接或间接地对英语施予了极大的影响。可以说,英语是受拉丁语影响最深的日耳曼语族中的一个语支。由于受拉丁语如此深远的影响,英语的构词法与其说是英语的构词法,还不如说是拉丁语构词法或拉丁语词素分析法。英语的语法、成语、格言、缩略词,以及英、美各国的文学、艺术作品的标题中,不少都有拉丁语煊耀其间。[①]

在英语阅读中,经常会碰到诸如 a.m.(午前,上午)、p.m.(午后,下午)、A.D.(公元)等表示时间、年代的拉丁语缩略词。a.m.,又作 AM,缩自拉丁语 ante meridiem,解释为 before midday,译作"午前、上午";p.m.,又作 PM,缩自拉丁语 post meridiem,解释为 after midday,译作"午后、下午";A.D.,又作 AD,缩自 Anno Domini,解释为 since the birth of Christ,译作"公元"。正好英语本身也有与 AD 相对应的 B.C.,又作 BC,解释为 before the birth of Christ,译作"公元前"。

另外,常见的拉丁语缩略词还有:e.g.,缩自 exempli gratia,解释为 for example,译作"举例、例如";ie.,缩自 id est,解释为 that is (to say) on in other words,译作"换句话说";etc.,缩自 et cetera,解释为 so forth and so on,译作"等等"。

同时,拉丁语作为古罗马人使用的语言,有些也辗转传入英语,如现在普遍使用的英语 12 个月及每周 7 日的英语单词。

[①] 王艳玲.新课程视域下高中英语词汇教学的问题与对策研究[J].中小学教师培训,2015(7):56-58.

(二)英语与法语外来词

自诺曼底公爵成为英格兰国王,便将法语带到了英国。那么,英语当中便不可避免地融入了法语。找工作前要写简历,resume 一词便出自法语,还有说成是 CV,这个词来自拉丁语 curriculum vitae;出去旅游买纪念品,souvenir 一词也是出自法语;约会,除了英语中原有的 date 一词,若使用 rendezvous 一词,便明显有了法国气息;salon 一词,也是源于法语,如今在英语中普遍使用,便是在汉语中,也直接用其发音,称作"沙龙";还有现在用得较多的"精英"一词 elite,也出自法语。

(三)英语与其他方式舶来词

还有一些舶来词,最初为音译,在不断地使用中由于语言习惯、记忆和理解习惯的问题,逐步向意译发展,最终形成音译＋意译的词汇。

三、英语谚语与学生人文素养培育

英语谚语和中文谚语、格言等一样,是人们社会生活经验的概括和结晶,经历了千百年历史的荡涤,浓缩了睿智和哲理,是人类文化和道德领域里的明珠。因此,在英语教学中适当地进行谚语教学,既能欣赏英语谚语的精练和美感,更有利于学生人文素养、心理素养、科学精神的培养。例如:

1. Make every day count.(让每一天都过得有意义。)

2. Diligence makes up for the lack of intelligence.(勤能补拙。)

3. The early bird catches the worm.(捷足先登。)

4. An ounce of prevention is worth a pound of cure.(一分预防胜过十分治疗。)

5. Too many cooks spoil the soup.(人多手杂。)

6. A rolling stone gathers no moss.(滚石不生苔。)

7. Time and tide wait no man.(时不我待。)

8. Many hands make light work.(众人拾柴火焰高。)

在上述谚语中,蕴含着十分宝贵的人文素材。在教学过程中,通过教师讲解,可以引导学生深入思考、领悟哲理、陶冶情操。

文化是包括实物、文学、艺术、信仰、道德、法律、风俗,以及其余社会习得的能力与习惯的综合体。而语言则是文化的重要表达形式,是文化的载体。词汇作为语言中最活泼、最具生命力且最能体现时代和社会变化的一个要素,语言的词汇忠实地反映出它所服务的文化。小到一个简单的词语,大到语篇中部分语段的含义,都蕴含了丰富的文化教育资源。学习一个国家的语言,最重要的是学习这个国家的文化,而这种文化的互动与体验,正是学生人文素养形成的必要条件。在英语教学中,教师应十分重视文化与英语词汇的关系,注意英语词语的文化内涵。在教好英语词语的发音、拼写、搭配关系等语言知识的同时,注重传授英语词汇的文化背景,使学生除了掌握英语词汇的一般性知识外,还能够知道如何运用。可以说,研究英语词汇的文化内涵是英语学习者的需要,是英语教学的需要,也是社会的需要,更是培养学生人文素养的需要。

第三节 英语听、说、读、写教学与学生人文素养培育的融合

一、高中英语听说教学与学生人文素养培育的融合创新发展

英语听说教学与学生人文素养的培养有着密切的联系。作为一名英语教师,要知道英语学习只学会语音、语法和词汇是不能成功交际的。一个对英语国家传统和文化了解甚少的人,即便掌握了一定数量的语法和词汇,在与英语国家的人交流时仍然会遇到种种障碍,有时甚至会闹出笑话。想要进行跨文化交际,就必须掌握英语国家的文化,熟知他们的本土文化。所以,教师要让学生意识到学英语必须了解英语国家文化的背景知识、语言交际情景、汉英两种文化差异,以及因文化差异而造成的语用

失误所带来的误会或尴尬情景。这不仅意味着英语听说教学的过程中应该融入文化的因素,也表明通过听说教学能够有效培养学生的人文素养。

(一)通过试听培育学生人文素养

结合智能工具以及原版英文电影等多种视听材料向学生介绍有关的文化背景知识,充分发挥视听材料和多媒体的优势,激发学生的学习兴趣,使学生快速有效地理解和领会相关的文化背景知识,并提高学生的听力水平。教师要注意收集经典英文歌曲,尤其是那些久经传唱且具有深厚文化内涵的作品,并将其介绍给学生。首先采用听歌填词的方式让学生知晓歌词大意,随后引导学生探索其文化内涵。文化差异是客观存在的。高中英语教学探索要走向个性化的人文素养培育,教师要有意识地多给学生讲解一些相关知识,以拓宽他们的视野。[1]

(二)通过配音培育学生人文素养

"影视英语配音和赏析"课程的开发,是以学生为本,基于学生对英语影视的兴趣,充分发挥和培养学生的语言模仿能力、配音能力和表演能力,提升学生对外国文化、民俗生活的认识和跨文化交际能力,从而达到培养学生综合素质的目标。学生的人文素养和人文精神不是靠教出来的,而是通过润物细无声的熏陶和学生自身的觉悟慢慢发展形成的。因此,"影视英语配音和赏析"课程能够利用学生的兴趣点而成为语言、文化、人文素养教育的有效平台和载体。

总而言之,语言与文化之间有着密切的天然联系。如果说文化是涉及人类生活方方面面的一个大系统的话,那么语言就是其中的一个子系统,但又具有相对的独立性。语言是一种社会文化现象,语言与文化之间既有对应性的一面,又有非对应性的一面。语言不仅是一种文化现象,也是历史文化的活化石,是一种特殊的、综合性的文化凝聚体。一方面,语

---

[1] 魏宏君,徐云飞.基于移动终端的中学英语听说课教学探讨[J].教学与管理(理论版),2017(12):104-107.

言在文化的建构、传承及不同文化间的交流等方面,发挥着不可替代的作用;另一方面,不同的文化特点往往也会导致不同的语言特点。语言与文化的天然联系决定了语言学科教学的文化价值,也表明了通过英语学科教学提升学生人文素养的现实可能性。对于教师而言,最为重要的是要认识到从文化的立场推进高中英语学科教学改革的重要意义,并结合自己的实际情况,对指向于学生人文素养提升的英语学科教学策略进行孜孜不倦的探索和研究。

二、高中英语读写教学与学生人文素养培育的融合创新发展

英语学科蕴含着丰富的人文内涵,英语教育也彰显着浓厚的人文色彩,因此必须关注学生的人文素养的培养。英语作为一门人文学科,在培养人文素养方面肩负着义不容辞的责任。作为英语教师,应在英语教学中以更高层次的追求和更宽广的视野来探索新课标背景下的英语教学中三维目标(知识与技能、过程与方法、情感态度与技价值观)的有效整合路径与落实举措,努力实现英语教学工具性与人文性的统一。在英语课堂的教学中,教师要以学生为主体,尊重学生的个性,倾听学生的心声。尤其是在阅读和写作教学中,要注重学生真情实感的体验,尊重学生的情感和个性,营造一种自由、平等、和谐的人文课堂氛围,明确教学任务,挖掘教材中的生活因素,高度重视课程资源的开发与利用,通过阅读和写作教学工作,创造性地开展教学活动,引导学生在实践中学习,进而培养其良好的人文素养,弘扬人文精神。

随着市场经济的迅速兴起、科技革命的迅猛发展、经济全球化的深入发展,以及中西文化的交融,高中生的思想观念、行为方式和价值取向也发生了明显变化,高中生思想活动的主体性、独立性、选择性、多变性显著增强。一方面,当代高中生思想状况的主流是积极的、健康的、向上的;另一方面,一些高中生也在不同程度上存在着理想信念模糊、艰苦奋斗精神

淡化等问题。因此,作为教师,必须抓住时机积极开展引导工作,把加强学生励志教育作为学校和社会的重要任务,通过励志教育,激发高中生正确的学习动机,引导他们求真、崇善、趋美,培养他们积极的心态和健全的人格。

第六章　高中英语视听说教学的实践应用

第一节　基于问题学习的教学法在高中英语视听说教学中的应用

基于问题学习（Problem-Based Learning，简称 PBL）的教学法是在 20 世纪 60 年代由美国的巴罗斯创立的一种自主学习模式。他倡导把学习置于复杂、有意义的问题情境中，让学生解决问题，最终培养学生自主学习、终身学习的能力。近年来，基于问题学习的教学法在许多课程教学中得到广泛应用。英语教师可以将这种教学法应用于英语视听说教学中。基于问题学习的教学法的应用，不仅使学生在知识学习过程中主动从视听说内容中汲取了知识，还进一步提高了口语技能和思辨能力，有效激发了学生的学习积极性。通过与传统教学法的对比可以发现，基于问题学习的教学法能够为学生营造轻松、积极、主动、有目的性的学习氛围，使学生能够自主、积极地学习。因此，基于问题学习的教学法将会在很大程度上提高英语视听说课程的教学效果。

在英语视听说教学中合理引入基于问题学习的教学法的具体实践过程如下所示。

一、任课教师的课前准备——针对学生视听说学习提出问题

在英语视听说教学中，教师根据学生的视听说学习情况提出问题，在此基础上，指导学生带着问题进行思考，为正式开展视听说教学做好准

备。在基于问题学习的教学中，为学生设置恰当的学习问题是教学内容设计中最重要的环节，是教学过程的关键。教师所提的问题应该有一定的难度，需要学生查阅相关资料，并在认真思考和研究后方能得出答案。

二、学生的课前准备——查阅资料

在进行资料查阅时，学生可根据各自感兴趣的问题自行分组。各组学生带着问题在课下查阅相关资料，通过互联网等方式收集信息，对教师提出的问题进行解答，并分类整理。在这一阶段，教师既要鼓励学生独立思考，又要在适当的时候给予学生帮助，助力学生做好充分准备，以便学生能在课堂环节积极、主动地参与英语视听说教学的整个过程。

三、教师进行课堂引导

教师在课堂上的引导作用至关重要。在高中英语视听说教学过程中，教师应当时刻保持敏锐的引导意识，当学生在自学过程中遇到困难时，教师应及时给予启发性的引导。这种引导旨在帮助学生克服困难，同时充分尊重学生的主体地位，以此激发学生学习与运用语言的思维活力，促进其语言能力的发展，而这也正是基于问题学习教学法在高中英语视听说教学中应用的关键一环。

四、学生小组讨论

在课堂教学过程中，小组学习是英语视听说课堂有效的学习形式。各小组成员基于教师布置的系列问题，以及课前自学、课堂引导所积累的知识储备，展开热烈探讨。

擅长语法剖析的学生主动承担起讲解重任，以视听素材中的长难句为例，细致分析句子结构、时态运用，其他成员则认真聆听、记录，并模仿造句加以巩固。词汇积累方面，学生共同整理素材中的高频生词、短语，结合语境探讨其多义性与搭配习惯。对文化背景感兴趣的学生分享课前查阅的资料，讲述素材所涉及地区的风土人情、社会习俗，阐释其如何影响人物行为与剧情走向,帮助组员拓宽跨文化视野。关注情节发展的学生则梳理故事脉络,探讨主角面临抉择时的动机与影响因素,运用英语各抒己见,在思维碰撞中加深对素材的理解深度。讨论过程中,小组组长肩负组织协调之责,把控讨论节奏,确保每位成员充分参与。

五、教师的点评总结

在基于问题学习的教学法的课堂教学中,最后一个环节是教师对学生口语活动的点评,这是基于问题学习的教学法的关键环节。教师在学生的课堂口语展示环节要做好笔记,详细记录学生在整体构思、句型应用、词汇使用上的优缺点,为这一阶段做好准备。点评时,教师要肯定学生的进步,同时要具体指出其不足之处。通过教师对学生的评价和总结,学生获取了口语练习的及时反馈信息,从而可以通过进一步学习提高自身的自主学习能力。

第二节 微课视角下翻转课堂在高中英语视听说教学中的应用

随着科学技术的迅猛发展,在线学习不断普及。学习方式的转变不仅使人们的生活变得更加便捷,也使教育手段得到更新和优化。基于微课进行的英语教学应运而生,并被广泛应用于英语视听说教学中。这一新兴授课方式的应用对提高英语视听说教学质量起到了重要作用。

一、微课与翻转课堂的内涵

(一)微课

微课的雏形可追溯到1993年美国北爱荷华大学麦格鲁教授提出的60秒课程(60-Second Course)。2008年秋,墨西哥州圣胡安学院的高级教学设计师、学院在线服务经理戴维·彭罗斯首次提出Microlecture(微型讲座)的概念。随后,我国的很多学者开始了对这一理念的阐释和探索。胡铁生老师指出,"微课"是按照新课程标准和教学实践要求,以教学视频为主要载体,反映教师在课堂教学过程中针对某个知识点(或教学环节)而展开教与学活动的各种教学资源的有机结合。

(二)翻转课堂

翻转课堂最早由美国两名高中教师乔纳森·伯尔曼和亚伦·萨姆斯提出并实践。然而,其真正得到学术界关注和认可则是由萨尔曼·可汗在2011年的演讲"用视频重塑教育"实现的。翻转课堂是指在信息化环境中,学生通过教师提供的视频资源完成自主学习,同时教师对学生进行有针对性的辅导,使学生完成学习内容的内化过程。翻转课堂遵循以学生为中心的教育理念,它的出现改变了传统课堂中学生缺乏主动性的局面,有效地推动了教育信息化进程。

二、微课视角下翻转课堂教学模式的特点

(一)课内任务学习向课外微课自主学习转变

在英语翻转课堂上,微课能够对英语教学的某个知识点进行详尽的讲解,可以满足学生的学习需求。学生可以在课外完成预习,也可以在对某个知识点理解不够清晰、不够透彻时重新观看微课视频,从而巩固知识点。在翻转课堂教学模式下,学生由被动学习向主动学习转变,从而达到知识内化和有效学习的目的。

(二)学习载体从教材向微课视频转变

在传统英语视听说教学中,教材是重要载体;在微课视角下的翻转课堂教学中,微课视频是重要载体。针对英语视听说教学目标,教师可以选择内容丰富的教学视频,也可以针对学生感兴趣的话题制作生动、有趣的教学视频。在制作微课视频过程中,可以插入一些音乐、动画等,从而激发学生自主学习的兴趣。在英语视听说教学中,由于学生的学习基础和

能力参差不齐,因此学生可以选择适合自己英语视听说能力的微课视频资源进行自主学习。

(三)师生角色转变

在以学生为中心的英语视听说翻转课堂上,学生由被动知识接受者向主动知识探索者转变,而教师由知识传授者向积极的引导者转变。学生在课外通过微课视频进行自主学习,将重难点带回到英语视听说课堂上。教师作为组织者、协助者,帮助学生解决在微课视频学习中遇到的重难点问题。通过翻转课堂教学模式,授课教师把以学生为中心的教学理念贯穿英语视听说教学全过程,从而培养学生发现问题、分析问题和解决问题的能力。

三、微课视角下英语视听说教学翻转课堂设计

(一)课前微视频学习

1.制作和选择微视频

教师一般根据教学大纲制作与教学内容相关的微视频,在分层教学中,也可以根据不同学生的英语视听说水平制作微视频。微视频的录制时间长度应在 20 分钟以内。针对学习基础扎实、能力较强的学生,可以录制时长较长、具有一定深度的微视频;针对英语视听说水平相对薄弱的学生,则应录制时长较短、教学内容契合教学大纲的微视频。录制视频材料应该遵循认真负责、设计精巧、内容完整的原则,视频内容可以用配音、动画、视频、直接讲述等方式展示。教师也可以在遵循有说服力、针对性强、生动形象的原则基础上,选择视频库中现成的微视频材料。

2.自主学习微视频

在英语视听说教学中,教师应运用翻转课堂的微视频教学培养学生的语言"输入"能力,同时通过口语教学培养学生的语言"输出"能力。完成教学视频后,教师通过 QQ、微信、微博、在线教学平台等渠道传给学生,学生接收到视频后,充分利用课外时间进行自主学习。在学习过程

中,英语视听说能力欠佳的学生可以进行小组讨论合作学习,针对微视频中出现的重点、难点进行反复观看、讨论;英语水平较高的学生可以单独进行微视频学习,实现个性化学习。对于听力视频中的生僻词汇,学生可以通过查找电子词典等方式,理解、掌握这类单词和词组;对于新闻、讲座等一些较难的听力视频,学生可以采用小组协作的方式进行听力训练,共同探讨微课视频听力理解中出现的问题。

(二)微视频课堂学习

在英语听力教学中,教师应根据学生的英语视听说水平要求学生复习微视频翻转教学中的重难点,同时对微视频中出现的重难点问题进行解答。学生在理解和掌握微课听力材料后,对所学的内容进行梳理和总结,同时,教师总结以微课视频为基础的翻转课堂中学生的参与度以及如何提高学生的自主学习能力等问题。英语口语翻转课堂教学重视学生的语言输出能力,这与口语教学目标相吻合。在学生进行口语翻转学习过程中,教师应根据学生的口语应用能力将学生分成若干个英语自主学习小组,每个小组通过互动展示学习成果。在小组成果展示之前,教师可以对学生进行个别辅导,对学生的英语表达方式、语法词汇和语音语调进行纠正,了解每个学习小组学生的情况,以便引导学生进行翻转课堂教学模式下的英语知识内化学习。最后,教师应对每个小组的汇报成果进行教学总结,并挑选合作默契且成员个人英语视听说能力皆优的学习小组进行课堂展示,从而取得示范的效果。

基于微课的英语视听说教学翻转模式改变了传统的英语教学理念,在学习形式、载体、方法等方面都有独特优势,凸显了学生的主体地位。英语翻转教学既培养了学生相互配合学习的能力,也提高了学生的自主学习能力。不同英语视听说水平的学生可以根据自身学习需求,自行分配和调整学习时间、选择学习地点,体现了英语个性化教学的需要。教师应结合不同学生的特点设计出适合学生需求的英语视听说教学翻转课堂,进一步提高学生的英语视听说能力。

第三节 自然拼读与英文电影在高中英语视听说教学中的应用

一、自然拼读在高中英语视听说教学中的应用

英语入门学习者会有不少困惑:怎么练习语音?怎么背单词?学什么样的英语?学习者只有接纳了大量精华的语料输入,地道完美的英语才能脱口而出。总而言之,英语的学习离不开大量的积累和练习,学习者只有找对方法才能事半功倍,只有持之以恒才能有所收获。

(一)自然拼读的概念确定

自然拼读法也叫直接拼读法,在以英语为母语的国家普遍使用。它通过建立字母及字母组合与发音的感知,从而达到快速识别单词的学习效果。自然拼读法既能够增加听力积累,还能够提高阅读能力甚至综合思维能力。所以,其适用对象并不局限于儿童,还可以推广到一切基础薄弱,尤其是语音意识薄弱的成年英语学习者。

(二)英语引入自然拼读的重要性

许多学生的语音基础薄弱,机械记忆单词,学习英语非常吃力。在讨论中,输出的也多是"中国式英语"。很多学生对英语口语和听力的重要性没有足够的认识,他们面临的主要问题包括:单词易读错;上课时音频只能听懂10%左右,视频完全听不懂;单词重音容易读错。由于很多学生对自己的口语没有信心,使得他们在课堂上经常保持沉默,不愿意参与课堂讨论。

学生在初中阶段没有进行有效、系统的语音知识的学习和训练。因此,如何快速帮助学生摆脱困境,在最短时间内扩充英语语音基础知识,帮助他们在英语学习方面,特别是在英语视听说学习方面取得更大的进步,这是英语教师所面临的一道难题。要解决这一难题,自然拼读不失为

一种较好的选择。

(三)英语引入自然拼读的必要性

只有掌握了必要的语音知识和听音辨音的能力,学生才能够正确地拼读单词,流畅地听取材料,精准地输出信息。

在一般情况下,听音辨音能力与学生本身的语音水平有直接关系,听音辨音的能力强,学生的语音水平一般较高;同样的道理,学生的语音水平高,必然要求有较高的听音辨音能力,二者是相辅相成的。提高听力需要具备良好的语音基础,鉴于此,学生和教师要高度重视语音教学,进而改变学生的语音及语音教学状况。

另外,语音的正确性关系到交流的可理解性和有效性。在实际教学过程中,学生的英语水平存在较大差异。有些学生因学校教育或家庭教育得力,已具备较为扎实的语音基础和较高的听力水平。基于现状,在英语视听说教学中,对部分语音基础薄弱的学生增加自然拼读的介绍和培训,就显得很有必要。首先,它可以帮助语音基础知识薄弱的学生扫除英语视听说学习的障碍;其次,学生如果熟知英语拼写与读音之间的关系,则可大大降低英语视听说学习过程中辨词的难度。这就意味着学生掌握自然拼读,不仅有利于扩充词汇量,还可以有效培养语感,进而提高英语视听说能力。相较国际音标,自然拼读是一种更为简洁、有效的发音系统,可以帮助学生迅速清除发音障碍,同时提高学生的听力等能力,激发学生学以致用的成就感。

二、英文电影在英语视听说教学中的应用

英语学科对于我国学生颇具难度,尤其是说和听这两个环节。对于高中阶段英语学科来说,在英语视听说课堂上,教师如果只是按照教科书中的内容来讲解,就会出现很多问题,很难达到理想效果。而如果教师应用相应的原版英文电影(简称为"TOOEM",即英文 The original of English movies 的缩写),就可以很好地解决这些问题,让学生在看的同时进行学习。

高中阶段英语学科,主要就是将学生的听、说、读、写等相应英语素质

进行大幅度提升,英语教师亟待思考有效的解决方法。而运用"TOOEM"可以收获理想的教学成果。

(一)在英语视听说教学中运用"TOOEM"具有积极作用

在"TOOEM"中,读音是非常标准的,其中很多英语的词、句等在日常生活中的使用频率极高,并且包含很多极具可读性的故事素材。教师在英语视听说教学内容中加入相应的"TOOEM"具有积极作用。一方面,可以使学生在很短的时间内进入思考的状态。在看的时候,学生会产生"有趣"的感觉。经过一段时间的积累之后,他们会想要去说,由此愿意说英语和听英语。另一方面,在说英语的过程中,需要考量"规范",而且必须根据国外的真实情况来使用字、词。但是,如果只用教科书中的内容来讲解,那么学生并不能很好地把握这个问题。"TOOEM"中的很多故事都是"真实"的,学生学习其中的谈话方法、规则等,有利于提升自己的英语整体素质。

(二)在英语视听说教学中运用"TOOEM"的方法思考

明确在英语视听说教学中运用"TOOEM"的积极作用之后,教师就要思考如何来运用"TOOEM",主要从以下几方面进行思考。

1. 选择可以达到理想效果的"TOOEM"

从互联网上可以搜索到很多"TOOEM",其类别非常多,如玄幻电影、恐怖电影、科技电影、动作电影等。教师不能随便选择一个就让学生看,毕竟不是每一部电影都适合用在课堂上。教师必须选择可以达到理想教学效果的"TOOEM"。一方面,教师需要对教科书的内容予以整合,以此把握每一章的真正教学要求,以此来确定选择哪个类别的"TOOEM";还需要考量学生的真正需求与兴趣爱好,不一定马上让学生观看。另一方面,教师需要考量"TOOEM"中的人物虽然是用英语交流,但是并非都是"规范"的读音、语法、单词等。比如,在《窈窕淑女》中,女主角刚开始使用的就是方言。教师不能选择这一类别的电影让学生练习或者是学习。这里需要强调的是,如果运用"TOOEM"来让学生说和听,可以只选其中的一个片段。

2.运用"TOOEM"进行实际练习

教师完成"TOOEM"的选择环节之后,还需要引导学生进行实际练习,不能让他们只停留在看的层面,所以教师需要对运用"TOOEM"的方法加以改进和创新。教师可以在播放"TOOEM"之后,与学生一起"谈话",如让学生了解其中的单词、语法等。例如,《功夫熊猫》中的"One meets its destiny on the road he takes to avoid it."(往往在逃避命运的路上,却与之不期而遇)"There are no accidents."(存在即合理)这两句格言,包括"不期而遇"这个成语的英文。又如,《当幸福来敲门》中的"You have a dream, you got to protect it."(如果你有梦想,就坚持下去)"You want something, go get it."(有了目标就要全力以赴)这两句台词。另外,教师也可以让学生用电影的台词来演小品等,促使他们的说和听整体能力的提升。

3.设置相应作业

除了上面两点之外,教师还应布置相应作业,让学生有一个巩固记忆的过程,帮助他们熟练地用英语表达或者是理解他人的话语。作业的内容可以丰富多样,如教师可以让学生用英语续写"TOOEM"的故事内容,当然也可以让学生写"观后感"。

总之,教师在视听说课堂之中运用"TOOEM",具有重要的积极作用。教师必须深入细致地思考,找到正确且适宜的方法进行运用。这里需要强调一点,选择的"TOOEM"必须杜绝呈现"不良"信息,尤其是性、暴力等,以确保其在教学运用中的效果和质量。

第四节 产出导向法与教学支架在高中英语视听说教学中的应用

一、产出导向法在高中英语视听说教学中的应用

在全新的教育环境下,教育领域对英语学科提出了全新要求。英语

教师应秉持素质教育的核心理念,着重加强学生的英语素质建设。视听说是英语学科的重点模块,教师需要采取有效策略重点培养学生视听说实践能力。英语教师应该正确认识与理解产出导向教学模式,并以其为载体,对英语课程教学模式进行创新。

(一)产出导向法教学概述

产出导向法是一种全新的教学理念,具体是指采用即学即用的教学手段,引导学生在学习过程中合理利用知识解决实际问题,从而促进知识的内化与吸收。通常情况下,首先,教师需要根据课程目标合理输出学习任务,让学生明确学习目标和方向。其次,教师需要引导学生以自主探究和实践探索的方式展开学习,让学生在学习和实践的过程中,深入掌握课程内容,从而实现有效学习。最后,教师需要根据学生的应用情况分析和判断学生的学习水平,在此基础上,对课程教学体系做出创新和调整,从而保证课堂教学更加有效。

(二)产出导向法在英语视听说教学中的意义分析

与传统的灌输式教学模式不同,产出导向教学模式在理念支撑和方法运用方面都具有一定创新性,在英语听力教学中所呈现的效果十分显著。首先,能够实现对学生自主学习意识的有效培养,让学生清楚地意识到自己在视听说教学中所处的主体地位。其次,可以使学生以更加端正、认真的态度参与课程学习。再次,产出导向教学能够有效构建动态课堂,促使视听说课堂呈现出全新的面貌,从而激发学生对视听说课程的兴趣。最后,产出导向教学能够让学生清楚地认识到自己在视听说方面存在的不足,以便在今后的课程学习过程中有针对性地对学习方法和策略做出调整,从而提高自身的英语视听说水平。由此可见,在英语教学领域,教师合理借助产出导向法展开视听说教学,对提升英语教学质量具有重要作用和意义。

(三)产出导向法下英语视听说教学体系结构分析

1. 输出驱动

输出驱动在英语产出导向体系中占据着主导地位。在该环节,教师需要将教学步骤分为三个层次,即设计场景、学生自主活动和说明教学任务。首先,教师要结合视听说课程内容及学生的具体兴趣需求,构建相对直观、真实的英语情境,为学生营造良好的学习环境。其次,教师要鼓励学生自主展开学习,引导学生自主选择产出方式,并在自主学习的过程中强化并掌握产出技能。最后,教师要清晰且详细地说明教学任务,明确告知学生在既定的场景与自主学习活动框架下,需要达成的具体英语产出目标。

2.输入促成

在上一阶段结束之后,教师需要合理安排输入促成教学环节,也就是产出导向教学体系的第二模块。教师需要参照上一阶段学生的学习表现,分析学生视听说水平,并以此为依据,合理设计视听说课程问题及学习任务。之后,教师需要再一次鼓励学生在主观能动意识下,自主参与视听说课程学习的活动。在此过程中,教师需要注重视听说素材的创新与选择,最好联系学生的生活实际及未来职场英语技能需求,丰富视听说素材类型和内容,为学生提供广阔的学习空间。

3.产出评价

产出评价是产出导向教学体系的最后阶段,具体是指教师根据学生的综合学习表现做出总结性的评价,从而让学生意识到自己在英语视听说过程中存在的不足,并结合学生具体学习表现给予一定指导,进一步优化学生视听说学习的方法和策略,从而保证学生的视听说学习更加高效。

(四)基于产出导向法的英语视听说教学的综合实践分析

1.构建英语交际情境

在英语视听说教学活动中,教师为了顺利贯彻产出导向教学模式,需要做好交际情境的规划设置。首先,在构建情境之前,教师需要做好视听说教材的钻研工作,清楚了解课程目标,同时通过师生互动交流,对学生在视听说课程方面的具体兴趣需求加以了解,以此为依据,合理发掘情境素材,构建富有趣味性和生动性的交际情境。在通常情况下,教师会以多媒体为辅助工具,对课堂情境进行合理构建,从而为学生营造良好的学习环境。比如,在英语课堂上,教师在围绕Traces of the past(过去的痕迹)

展开课堂教学时,需要合理设计交际情境。教师可以利用多媒体,为学生呈现部分语音片段。在为学生展示以 Traces of the past 为主题的交际情境,如:"I spent a relatively relaxing weekend. On Saturday, I first went shopping with my friend Xiaohong. Later, we went to the movies, ate KFC, and finally went home to watch TV and went to sleep."(我度过了一个相对轻松的周末。周六,我和好朋友小红先是去购物。然后,我们看了电影,吃了肯德基。最后,我们回家看过电视后就去睡觉了)之后,教师可以引导学生根据课堂情境,联系生活实际,思考自己做过的事情。

2. 鼓励学生自主参与交际训练

在情境设置完成之后,教师要鼓励学生自主参与交际训练活动,让学生勇敢表达,从而实现英语技能在实践训练中的应用。为了保证训练效果更加理想,教师通常会鼓励学生以合作的方式参与视听说训练,其中小组合作的方式比较常见。首先,教师需要合理划分小组。在分配之前,教师要通过多种渠道了解学生的视听说实践技能,如随堂测试、课堂提问、师生互动等。然后,各小组通过合作的方式进行课堂动态交流和互动。在此过程中,教师需要做好辅助和引导的工作,并适当提问部分学生,以便了解学生对此部分视听说训练活动相关知识、技能的掌握情况。通过课堂互动与交流,能够让学生正确掌握英语交流技能,也能够进一步增强学生英语表达的自信心。除此之外,教师需要充分发挥辅助和引导的作用,对学生英语视听说情况进行考核和总结,从而保证英语视听说教学更加有效。

3. 遵循个体需求,明确产出任务

在学生自主交际训练完成之后,教师需要为学生提供一段听力视频。学生在听的过程中,需要对关键性的英语单词做好记录,同时也需要认真分析听力材料所包含的口语知识和技巧。此部分的听力训练能够使学生正确认识自己的视听说水平,从而以认真积极的态度对待接下来的视听说课程。同时,教师在设定产出任务的过程中,需要充分了解学生的个体需求,根据学生的实际水平分层设计产出任务,确保学生能够有效参与视听说训练活动,保证课堂教学更加均衡。比如,教师可以引导学生重点关

注听力材料中的专有名词、一些特有的建筑物词汇等,重点梳理英语视听说材料中的语言结构。

4. 设置以听促说活动,夯实记忆

在英语视听说教学活动中,教师需要合理设置以听促说活动,引导学生加强英语口语训练,通过提高学生的英语口语表达技能,实现对学生英语听力思维能力的强化训练,从而保证学生所掌握的视听说技能更具有系统性和实践性。首先,教师需要结合学生的实际需求,提供合适的英语听力材料。教师可以借助信息技术,构建英语听力视频资源中心,为学生提供丰富的学习素材。如此一来,学生便可以随时随地地利用视频资源对听力材料展开自主学习,从而保证听力学习更加自主和高效。其次,教师要鼓励学生积极参与各种英语口语表达和训练活动,在日常生活中勇敢地用英语表达,从而积累英语口语交际经验,夯实英语基础,为提高听力水平奠定良好的知识储备基础和素质基础。比如,教师可以为学生提供一定的情境,通过多媒体向学生展示具体的图片,在图片中呈现主人公所在场景和所做的事情。之后,教师要引导学生看图说话,根据自己对图片的理解,自主组织语言,用英语诠释图片中的内容,循序渐进地培养学生的英语思维逻辑能力。

5. 做好英语口语交际任务展示与训练

在利用产出导向模式展开视听说课堂教学时,教师需要做好口语展示和训练活动,为学生提供丰富的训练平台,鼓励学生积极地参与口语展示活动,让学生在展示过程中,建立起英语交际的自信心。首先,教师可以鼓励学生对英语听力材料进行自主总结和阐述,让学生用简洁的语言叙述材料的内容,从而加深学生对英语材料的认知和理解程度,保证学生更加高效地学习英语。其次,教师可以组织英语角、英语演讲等多种活动,鼓励学生自主参与英语视听说训练活动,从而为英语表达积累经验。

6. 构建英语口语产出评价体系

在英语视听说教学中,教师为合理贯彻产出导向教学模式,需要对教学评价体系进行创新和优化。首先,教师需要端正自身的评价理念,在开展评价工作时始终以学生为主体,根据学生的主观学习体验和需求对评价内容和方法进行创新。其次,教师需要明确评价类型,根据实际教学情况分别开展针对性和补救性教学评价。教师需要根据不同学生在视听说产出训练中的具体表现给予针对性的评价,从而让学生对自己的学习表现形成正确的认知。最后,教师需要对学生在学习过程中暴露的问题给予指导和评价,以便学生能够有效地改进学习方法,提高英语视听说学习效率。

综上所述,对学生而言,英语是一门重要学科。在英语学科中,视听说是重点模块,也是决定学生英语素质建设的关键。为保证英语视听说教学更加有效,教师需要重视教学方法的合理创新。而产出导向教学模式能够构建全新的英语视听说学习环境,让学生懂得学以致用,全面提高学生的英语视听说实践能力。

二、教学支架在英语视听说教学中的应用

英语视听说教学是英语教学中非常重要的部分。学生的视听说水平与他们的英语应用能力有着非常紧密的联系,但是,在实际的教学中可以发现,学生的听力水平普遍较低。因此,教师可以合理化地应用教学支架,全面而系统地为学生构建一个理想化的支架,同时充分发挥教师的指导作用,调动学生在英语课堂上的积极性,为他们日后的学习和工作奠定基础。

(一)教学支架的基本概念

"支架"理论最开始是建筑方面的知识。随着时代的发展,研究者逐渐开始将这种支架式的教学模式应用到英语课堂中。借助该模式,教师可以在短时间内调节与协助学生学习。在这个过程中,学生不能只是被动地接受信息和知识,而是应该对所学事物形成自己的理解,并将自己理解的意思与情境中的经验完美地结合在一起。

(二)教学支架在英语视听说教学中的应用实践

1.准备阶段,搭建教学支架

在着手准备教学工作的时候,教师应该对学生有一个大致的了解,这

样才便于构建一个相对合理化的语言支架。尤其是在当今信息化时代背景下,教师可以提前制作一些与课本词汇、语法等相关的课件,然后将这些课件转交给学生,组织学生5~8人一组,通过小组合作的方式展开学习,通过查字典、利用互联网等多种途径学习和了解这些单词和语法的基本特点。在课堂教学时,教师要预留一些时间,让各组学生提前做好相应准备,如背诵句子、情境演示等。例如,在以"travel(旅行)"为主题的视听说教学中,教师可以提前布置任务。学生在预习完成之后,要说出与"travel"相关的单词或者短语,然后在现有的单词上进行扩展,并将二者有机结合,从而构建一个比较连贯的知识体系。同时,教师要根据教材中的文化知识要点,利用与课本内容相关的英语影视资料传授相应的文化知识。这样,学生在具备了一定知识基础之后,就可以比较轻松地完成这个单元的听力任务。

2.学习阶段,以听带说

话语的能力实际上是在潜移默化中产生的。"听"对于语言来说,既是一种输入,也是一种输出。因此,听与说在英语教学中拥有同等的作用。教师在开展课堂教学工作时,可采用以听带说的方式,让学生在完成预习任务的基础上,借助听,进一步吸收相关的英语知识,构建一个系统的知识框架,从而提升说的质量与水平。为了保证教学工作的顺利进行,教师可以组织一些富有成效且生动有趣的课堂活动,让学生在其中自由地扮演一些角色。例如:在课堂教学中,如果是以小组的形式开展教学工作,那么教师就应该充当一个指导者的角色,如果以即兴讲话的方式开展教学,那么教师就可以是一个角色或评委;在学生的学习阶段,教师应该是这个活动的设计者和组织者,肩负着将英语知识整合为一个完整知识体系的重任,并将听力教学妥善融合于英语教学过程中,进而逐渐提高学生的英语视听说水平。

3.讨论阶段,实践探讨

在新型教学模式下,英语视听说教学可以分为两个部分,一是课上的自主学习,二是课下的自主学习。在课堂上,学生可以利用多媒体的配套设施,完成教师布置的任务。在课下,学生可以利用课件自主完成一些学习,如收听英语广播、观看英语电影等。在自主讨论阶段,教师所要做的就是提供一些有效的学习策略,并对学生的学习情况进行监督。针对不同的英语视听说任务,教师应该对学习策略和认知策略有一个系统的概括,这样才能将这些策略熟练地应用到教学中,帮助学生进行听力理解,并使学生能将所学知识应用到实际的交往中。教师要注意的是,讨论教学与自主性教学之间存在着一定的差异性,需要对学生进行必要的监督和培训,可采用口语测试、辅助教学等。教师还可以设计一些唱英语歌的活动,这样不仅可以激发学生的学习兴趣,还可以提高学生的辨音能力,同时对学生的口语表达也具有积极的作用。

4. 评价阶段,积极反馈

教学评估在英语视听说教学中具有非常重要的作用。一个全面且客观的评价机制对于实现课堂目标具有积极的作用,其既是教师获取教学反馈信息的主要途径,又是保证教学质量的重要依据。教师可以采用过程性评估的方式,以学生自主学习为出发点,引导学生相互进行评估和判断,并结合教师和教务部门的评价形成综合性的评判结果。由于教学支架搭建的时间比较有限,教师在有限的时间内准备一些个性化的支架式教学方案是比较困难的。而教师的反馈和评价具备激励的作用,能够帮助学生强化自身的口语能力,促进语言的有效产出。在这种情形下,教师就可以将学生分为几个小组,从这几个小组中挑选出一位课代表进行发言,让其他学生根据听到的信息进行相应的评论。然后,教师将整个班级的观点都整合在一起,这样便可以增强学生的听与说之间的联系。在教学支架下,英语的课堂评价并不是唯一的参照标准,而应该综合学生在学习过程中所展现出来的各项能力,对其进行一个综合性的评价。

在教学支架背景下,视听说英语教学开始将学生放在首要的位置,将教师看作一个组织者和促进者,使学生可以在自由的情境中学习。这种将学生作为主体的教学方式,不仅可以提高学生对英语的综合应用能力,还能促使英语视听说教学朝着自主化和个性化的方向发展。

参考文献

[1]陈宝妮.高中英语视听说:双新理念与信息化的融合[J].校园英语,2024(9):13—15.

[2]陈小红,卓张众.新课程背景下高中英语视听说校本课程的开发研究[J].校园英语,2020(38):136—137.

[3]哈萨.以"视听说"为辅助教学手段提高高中英语教学的建议[J].年轻人,2019(21):129.

[4]黄少华.新时代高中英语教学的研究与探索[M].长春:吉林人民出版社,2020.

[5]李继龙.高中英语翻译测试与教学[M].武汉:武汉大学出版社,2022.

[6]刘彩兰.英文影视片段在高中英语教学中的探究[J].考试周刊,2018(73):111.

[7]马丽娟.聚焦思维品质的高中英语阅读教学[M].长春:吉林人民出版社,2020.

[8]曲业德.高中英语教学实践创新[M].北京:现代出版社,2020.

[9]任美琴.新课程背景下的高中英语教学实践探索[M].宁波:宁波出版社,2023.

[10]任美琴.指向核心素养的高中英语教学设计[M].长春:东北师范大学出版社,2022.

[11]孙丙华.国际视野下的高中英语教学[M].长春:吉林人民出版社,2020.

[12]唐晓澐.高中英语教学纵横谈[M].上海:上海交通大学出版社,2021.

[13]唐晓澐.图式理论在高中英语阅读教学中的运用研究[M].上海:上海交通大学出版社,2016.

[14]田美娜.高中英语课堂教学和多媒体技术整合之我见[J].百科论坛电子杂志,2020(24):1635.

[15]汪澍,翁就红,王阁.高中英语词汇教学策略探讨[M].长春:吉林人民出版社,2020.

[16]王耿正,曹殿俊,黄付巧.高中英语阅读教学理论应用研究[M].长春:吉林人民出版社,2019.

[17]王宏,肖君.开放远程教育工程技术建设和应用研究[M].上海:上海交通大学出版社,2018.

[18]王晓曦,张法国,孙娟.核心素养下的高中英语读后续写教学[M].长春:吉林人民出版社,2022.

[19]魏锦云.高中英语视听说教学现状及优化策略[J].英语教师,2022(24):59-62.

[20]晏晓芳.情景教学法在高中英语教学中的应用探索[M].昆明:云南人民出版社,2022.

[21]杨云,王飞涛.英语学科核心素养视域下的高中英语课堂教学策略研究[M].重庆:重庆大学出版社,2021.

[22]余海进,周兴斌,孙芳来.核心素养理念下的高中英语教学策略研究[M].长春:吉林人民出版社,2020.

[23]云雅峰.高中英语读写结合视阈下的有效教学[M].长春:吉林人民出版社,2019.

[24]张振敏.互联网技术赋能高中英语课堂教学变革的实践探索[M].银川:宁夏人民教育出版社,2021.

[25]赵琴.如何提高高中英语课堂教学质量[J].花溪,2021(8):99.